und kein Gedicht will Abschied von dir nehmen

VERLAG
RALF LIEBE

Verlag und Herausgeber danken der Kunststiftung NRW für die freundliche Unterstützung

Lyrik
im Verlag Ralf Liebe, Weilerswist

2024

© der Gedichte bei den Autorinnen und Autoren
© für diese Ausgabe beim Verlag Ralf Liebe

Herstellung: Rheinische Druck, Weilerswist

Verlag Ralf Liebe
Kölner Straße 58
53919 Weilerswist
www.verlag-ralf-liebe.de
info@verlag-ralf-liebe.de
Telefon: 02254/3347
Telefax: 02254/1602

ISBN 978-3-948682-54-5

Euro: 25,-

und kein Gedicht will Abschied von dir nehmen
Deutschsprachige Lyrik der Gegenwart zum Thema Abschied

herausgegeben von
Markus Peters / Sabine Schiffner / Amir Shaheen

VORWORT

Und jedem Anfang wohnt ein Zauber inne

lautet der berühmte Vers, der längst zum Geflügelten Wort geworden ist. Er stammt aus Hermann Hesses Gedicht „Stufen". Darin thematisiert er die stetige Veränderung, die das Leben, das Reifen und das Altern unentrinnbar mit sich bringen. Er ermutigt den Leser im selben Gedicht noch mit den folgenden Zeilen:

Des Lebens Ruf an uns wird niemals enden…
Wohlan denn, Herz, nimm Abschied und gesunde

Dieses Buch versteht sich auch als Hommage an Axel Kutsch. Er ist nicht nur als Lyriker mit einem beeindruckenden Lebenswerk – gesammelt in dem Band *Am Rande der Sprache steht ein Gedicht – Das lyrische Werk 1969 – 2022* (Verlag Ralf Liebe, 2023) – national und international hochangesehen. Mit seinem jahrzehntelangen Wirken als Herausgeber hat er sich große Verdienste um die Verbreitung zeitgenössischer Lyrik und die Förderung von Dichterinnen und Dichtern erworben. Das galt in den vergangenen Jahren besonders für die von ihm ins Leben gerufene Reihe *Versnetze*. Gerade hatte Axel Kutsch mit der Herausgabe der 16. Ausgabe der *Versnetze* begonnen, als im Februar 2023 ein schwerer Schlaganfall die ihm so liebe und wichtige Arbeit an der geplanten Ausgabe plötzlich beendete. Ein Ereignis, das leider auch unabänderlich sein weiteres Wirken als Herausgeber und Lyriker unmöglich machte. Damit war klar, dass *Versnetze_16* nicht erscheinen, es eine weitere Fortsetzung dieses erfolgreichen Jahrbuches bedauerlicherweise nicht mehr geben würde.

Die dreißigjährige Zusammenarbeit von Axel Kutsch und Drucker und Verleger Ralf Liebe war damit abrupt zum Erliegen gekommen – ein Ende ohne Abschied, das sich in vielerlei Hinsicht nicht gut anfühlte. Wir beratschlagten mit Ralf Liebe und beschlossen sodann die Publikation einer Lyrik-Anthologie im Geiste und zu Ehren von Axel Kutsch. Zu ihr haben wir zeitgenössische Autorinnen und Autoren eingeladen, darunter alle jene, die regelmäßig zu Beiträgen für die *Versnetze* aufgefordert wurden. Das Thema sollte naheliegenderweise Abschied sein – im weitesten Sinne. Kein Abschied von Axel Kutsch, sondern Abschied in all seinen vielfältigen Erscheinungsweisen, etwa als alltägliche Verabschiedung, ein Abschied als Aufbruch, etwa zu einer Reise, als Abschied von Gewohnheiten, natürlich auch von Menschen, Beziehungen, Orten, Gegenständen – mithin einschneidende Veränderungen. Und, ja, natürlich auch die einschneidendste, die endgültige Veränderung: der Tod.

Ein letzter Tag –: spätglühend, weite Räume
ein Wasser führt dich zu entrücktem Ziel
ein hohes Licht umströmt die alten Bäume
und schafft im Schatten sich ein Widerspiel,
von Früchten nichts, aus Ähren keine Krone
und auch nach Ernten hat er nicht gefragt –,
er spielt sein Spiel, und fühlt sein Licht und ohne
Erinnern nieder – alles ist gesagt.

...lautet die letzte Strophe in Gottfried Benns Gedicht „Abschied". Mächtige Verse, die er für dieses letzte große Thema gefunden hat. Wie werden zeitgenössische Autorinnen und Autoren das Thema interpretieren, lyrisch gestalten? Welche Worte, Bilder finden sie? Oder ist womöglich – um etwas kontextfremd mit Benn zu sprechen – alles gesagt?

Aus weit über 900 eingesandten Gedichten haben wir die vorliegenden ausgewählt. Anders als bei der offenen alljährlichen Bestandsaufnahme der *Versnetze* kam für diese themengebundene Sammlung nur die Anordnung in Betracht, die Axel Kutsch in seinen früheren Anthologien (etwa *Städte.Verse*, 2002, oder *Zeit.Wort*, 2003) mehrfach herangezogen hat. Er hat die Beiträge nach Jahrgängen sortiert, beginnend mit dem ältesten Autor. Im vorliegenden Band ist dies der Jahrgang 1936, der jüngste 1996.

Wenig überraschend und sicher auch der langen Herausgeberschaft Kutschs geschuldet, sind überwiegend ältere Autorinnen und Autoren vertreten. Aus der Generation der 1990 oder später Geborenen sind gerade mal drei dabei; auch nur doppelt so viele der Jahrgänge der achtziger Jahre. Signifikant höher ist die Anzahl der in der Dekade davor, also jener seit 1970 Geborenen. Da hat man mitunter schon ein halbes Jahrhundert erreicht und, so darf man vermuten, die eine oder andere – schicksalhafte – Veränderung durchlebt, den einen oder andern schmerzhaften Abschied erlitten und wohl auch die eigene Endlichkeit erfahren.

Das poetische Spektrum ist, hierin den *Versnetzen* wiederum ähnlich, in Inhalt, Form und Sprache breit gefächert. So manche lyrische Entdeckung ist dabei zu machen. Dem Herausgeber-Team, wenngleich zuweilen durchaus vorbelastet, bescherte das Lektorat zudem die Erfahrung, die Axel Kutsch alljährlich in noch weit größerem Maße machen musste und freiwillig auch all die Jahre immer wieder mit viel Enthusiasmus gesucht hat: eine immense Arbeit, viel Anstrengung und Mühsal, die es bedeutet hat, weit über 900 Gedichte zu lesen, zu bedenken, zu bewerten, daraus auszuwählen. Bedauerlicherweise mussten wir einige Texte aussortieren, die obwohl teilweise gut geschrieben, keinen inhaltlichen Bezug zum Thema der Anthologie erkennen ließen – obwohl wir den Rahmen sehr weit gefasst haben. Und immer wieder gab es auch die Freude über gelungene Verse, wie jene von Irena Habalik, die diesem Band den Titel geben:

und kein Gedicht will
Abschied von dir nehmen

Wir und alle Beitragenden verneigen sich mit dieser Anthologie vor der großen, einzigartigen Leistung, die Axel Kutsch für die deutschsprachige Lyrik der Gegenwart erbracht hat. Wir hoffen, mit dieser Anthologie in seinem Geist und Sinne gewirkt zu haben.

Markus Peters, Sabine Schiffner, Amir Shaheen
im September 2024

Inhalt

Inge Buck (1936)
    Vater 23
    Verlorene Landschaft 24
Wolfgang Butt (1937)
    last exit 25
    kurzer halt am straßenrand 27
Karl Rovers (1937)
    Die Zwille 29
Rudolf Fuhrmann (1938)
    Niemandsland 30
Peter M. Stephan (1939)
    Ist Sommer? Sommer war 31
    Es springen dauernd Leute aus dem Fenster… 32
Rüdiger Stüwe (1939)
    Helle Erinnerung 33
    Unwiederbringlich 33
Wolfgang Bittner (1941)
    Ausbau eines Weges 34
    Nach Jahren 35
Ingo Cesaro (1941)
    Und Hand aufs Herz 36
    Heimweh 37
Evert Everts (1941)
    Die Prager Friedhöfe 38
    Beobachtung 39
Günter Helmig (1941)
    begegnung 40
Ulrich Straeter (1941)
    Der Freund 41
    Wünsche 41
Uta Franck (1942)
    Abschied von einer besonderen Zeit 42
Helga Kolb (1942)
    Abschied 43

Rainer Wedler (1942)
    die Freundlichkeit 44
    nackt 44
Bernd Bohmeier (1943)
    Skizzen zur Wahrnehmung 45
    Es ist nass 46
Rolly Brings (1943)
    Rathenauplatz 48
Bert Brune (1943)
    Wieder bei Dieter 52
Karl Feldkamp (1943)
    endzeitiger 53
Ulrich Schröder (1943)
    Abschiedslied 54
    Abschied vom Bruder 55
Eva-Maria Berg (1944)
    damit sie den abschied 56
    flügelschuhe 56
Christiane Eichler-Magdsick (1944)
    meiner enkelin 57
Barbara Franke (1944)
    Sintflut 59
Franz Hodjak (1944)
    Immer liegt etwas auf der Zunge 60
    Einmal wird ein Freitag sein ohne mich 61
Charlotte Ueckert (1944)
    Jahresende 62
    ICH KANN KEINEN ABSCHIED NEHMEN 62
Rosemarie Zens (1944)
    Bis ins Unendliche 63
Susanne Müller (1945)
    Fluchtprotokoll 64
Angelica Seithe (1945)
    Zuletzt 65
    Nachricht 66
Christa Wißkirchen (1945)
    Inspektion 67
    Sie gehn 67

Manfred Chobot (1947)
    unsterblich – oder was 68
    transplantation 69
Gerd Meyer-Anaya (1947)
    große bitten 70
Peter Salomon (1947)
    Abschied 72
    Blätter 73
Armin Elhardt (1948)
    Ade mit Weh 74
Reinhard Henning (1948)
    inmemoriam 75
    finissage 76
    in aller bescheidenheit 77
Helga Schulz Blank (1948)
    fliederduft 78
    goldene teller 78
Ingeborg Arlt (1949)
    Heimkehr 79
    Einladung zum Klassentreffen 80
Gisela Becker-Berens (1949)
    kippengedicht 81
Ingeborg Brenne-Markner (1949)
    an diesem vorletzten tag 82
Hans Georg Bulla (1949)
    Baggersee 83
    Altes Paar 83
    Der Nachen 84
Gerhard Jaschke (1949)
    man wollte es 85
Jörg Neugebauer (1949)
    In der Haustür geküsst 86
    Vom Sommer weiß ich nichts mehr… 86
Rainer Reno Rebscher (1949)
    Zugfunken 87
Jürgen Völkert-Marten (1949)
    Vogelflug 88
    Die tote Mutter streicheln 88

Helmund Wiese (1949)
    was wäre wenn 89
    er war 90
Barbara Zeizinger (1949)
    Nicht jedes Treibgut erreicht das Meer 91
    Hier ist kein Meer nur dieses 91
Josef Krug (1950)
    Strandcafé 93
    Vergangene Wege 93
    Wieder 94
Thomas Luthardt (1950)
    Sind gesessen 95
Erwin Messmer (1950)
    Abschied 96
    Einfahrender Zug 97
Jochen Stüsser-Simpson (1950)
    Gläserner Herbst 98
Manfred Hausin (1951)
    Schwein gehabt 99
    Mutter 99
    Der alte Dichter 100
Frank-Wolf Matthies (1951)
    Ich weiß 102
Johann Voß (1951)
    die luft zum atmen 103
    requiem 104
Klaus Anders (1952)
    N.N. 105
Kurt Bott (1952)
    Auferstehung 106
    Nichts war umsonst 107
Manfred Enzensperger (1952)
    nur kurz hier eingefädelt 108
    wie die köpfe der schneeglöckchen 109
Frank Norten (1952)
    Die Mutter schrieb 110
Erich Pfefferlen (1952)
    auch die baumstämme 112

Lutz Rathenow (1952)
    Der Vater, Abschied 113
    Die Kindheit 113
    Brecht hat Geburtstag 114
Achim Raven (1952)
    Alte Vögel 115
Friedel Weise-Ney (1952)
    Arbor Vitae 116
Michael Arenz (1954)
    Als Berlin mich exmatrikulierte 117
    Eine Reise nach Amerika 119
Peter Ettl (1954)
    Für einen imaginären Großvater 121
Anita Funck (1954)
    fortgenommen 122
Manfred Pricha (1954)
    flöhe wechseln den besitzer 124
    time to say goodbye 124
Jürgen Egyptien (1955)
    Tag der Einäscherung 125
Irena Habalik (1955)
    Manche Gedichte 126
Johanna Hansen (1955)
    lotterie 127
Michael Hüttenberger (1955)
    Umbruch 128
    Herbstzeitlos 128
    kleines Testament 129
Carmen Jaud (1955)
    momentaufnahmen blickfelder wie wolken rühr mich nicht an. 130
Thomas Kade (1955)
    Abschiedehaft 131
    Abschneiden 132
Monika Littau (1955)
    Bewegung der Hand 133
    Ordnung und Unordnung 133
    Das Haus – Das Zuhause 134
Kriemhild Linda Retter (1955)
    au revoir trégastel 135
    was bleibt 135

Hans Schneiderhans (1955)
    Es wurden Parlamente gewählt, Senate, Präsidenten. ... 137
Christiane Schulz (1955)
    Vergessen ... 138
    Langer Abend ... 139
Max-Josef Schuster (1955)
    exit ... 140
Siegfried Völlger (1955)
    der platz ist gefunden ... 142
Theo Breuer (1956)
    nur alter kaffee ... 143
Reinhard Kiefer (1956)
    TANZEND HABEN SIE die siedlung verlassen ... 144
Eva Beylich (1957)
    Sterbefasten ... 145
    Mach dich bereit ... 145
Marlies Blauth (1957)
    Nachsaison ... 146
    Glashäuser ... 147
    Abschiednehmen ... 147
Birgit Bodden (1957)
    Abschied ... 148
    Im Garten meiner Mutter ... 148
    In Tagen mit schwindendem Licht ... 149
Ruth Forschbach (1957)
    Der Besuch ... 150
Caritas Führer (1957)
    Abschied an einem Sommerabend ... 151
Jürgen Nendza (1957)
    VIELLEICHT ... 152
    Rückseite ... 153
Julie Ratering (1957)
    da sitzen wir gestern ... 154
    die Dinge und ihr Reigen im Stillstand mein grüner Kugelschreiber .. 154
Andreas Graf (1958)
    jecke Käzjer (Rollef I) ... 155
    em Jebösch (Rollef II) ... 156
Ilse Kilic (1958)
    vom „auf wiedersehen" sagen ... 157

Michal Lohr (1958)
  Salamanderlied 159
  Den Vater gehen sehn 159
Michael Wildenhain (1958)
  Das Flüstern der Fledermäuse 161
Matthias Zwarg (1958)
  Schlechtere Welt 162
  Wenn ich schon sterben muss 162
Michael Kohtes (1959)
  Blick aus einem Moskauer Hotelfenster 164
  Letzte Verse 164
Max Sessner (1959)
  Begegnung 165
  Gerüche 166
Michael Kurzer (1959)
  VIS-À-VIS 167
Elke Böhm (1960)
  Gebo(r)genheit 168
  Postkarte an 168
  Nach der Trennung 169
  Kleines Liebesgedicht 169
Uwe Claus (1960)
  Tanz der Libelle 170
Veronique Dehimi (1960)
  Das Haus ist still geworden 171
Birgit Koerdt-Bruining (1960)
  Großmutters Feldbrief 172
Dorothée Leidig (1960)
  Lichtgeschwind 173
  Serenade 173
  Noch 174
Christoph Leisten (1960)
  mnemosyne 175
  abgespiegelte wahrheit 176
  was bleibt 176
Britta Lübbers (1960)
  Nighthawks 177
  Wildgänse 178

Àxel Sanjosé (1960)
  Beim Abdrehen der Friedhofshähne 179
  Zum Abschied hell 179
Walle Sayer (1960)
  Trauerweide am Neckar 180
  Den alten Kater begraben 181
Olaf Velte (1960)
  Totes Lamm 182
  die Äcker meines Vaters 183
Jutta v. Ochsenstein (1960)
  verlassen 184
  Schweigen blättert auf 184
Harald Dern (1961)
  Sein und Zeit 185
  September 2001 185
Patricia Falkenburg (1961)
  Abschied 186
  Kein Ende. 187
Sabine Göttel (1961)
  abschied 1940 188
  testament 189
  verlust 189
Anton G. Leitner (1961)
  Wos kummd / Was kommt 190
  Schnee, Mann 191
  Der Tod reißt 191
Madjid Mohit (1961)
  Manchmal habe ich Heimweh 192
Claudia Hummelsheim (1961)
  Augenblick 193
Sabine Speer (1961)
  Steingarten 194
  Mischgewebe 194
Jürgen Trautner (1961)
  Aus dem Tagebuch der nahen Zukunft 195
  Erkenntnis 195
Esther Ackermann (1962)
  Tochter 196

Martin Ebner (1962)
    blick hinaus 197
Klara Huůrkova (1962)
    Feuer 198
    Steresis 199
Tom Pohlmann (1962)
    Erinnerung, postpandemisch 201
    Readymade 203
Ingrid Thiel (1962)
    Die Übelkeit packt sie mit großen Händen 204
Marcus Neuert (1963)
    EISENBAHNBLUES 206
    ich HABE SIE NICHT MEHR 207
Anja Ross (1963)
    tandemflug 208
    umdeuten 208
Jürgen de Bassmann (1964)
    Wir sind ein Gedicht 209
    Leaving Stroke Unit 211
Dominik Dombrowski (1964)
    Schwanen 212
Dirk Hülstrunk (1964)
    etwas 214
    zuletzt 215
Agnieszka Lessmann (1964)
    Abschied, schon wieder 216
    Streunende Lettern 216
Hartwig Mauritz (1964)
    die toten schlafen fest 219
    pappellandschaft steht spalier 219
    windstille 220
Kai Pohl (1964)
    Beim Überqueren der Brücke 221
Jeannette Abée (1965)
    Er 222
Christian Engelken (1965)
    Doppelepitaph 223
    Nach dem Abschied 223

Falk Andreas Funke (1965)
- Also dann 224
- Am Ausgang 225

Semier Insayif (1965)
- mit 226
- verloren gehen 226
- manchmal 226
- der morgen ist ein beginn 227

Elvira Lauscher (1965)
- Ich habe mein Gedächtnis verloren 228
- Verlust 229

Dolores Burkert (1966)
- Raum 230

Elke Engelhardt (1966)
- Abschied 231
- Worum es geht 231
- Zugfahrt 232

Axel Görlach (1966)
- für immer 233
- rieselt schlaf, nieseln pixel zu laub 233

Caroline Hartge (1966)
- Dieses Mal für Axel Kutsch 234

Rüdiger Bartsch (1967)
- krankenbesuch 235
- Nach dem Tod 235
- Totholz 236

Steffen M. Diebold (1967)
- fürsorge 237
- Palimpsest 237

Andreas Hutt (1967)
- Lesen, Reste von 238
- Transitzone Sessel. 238

Sabina Lorenz (1967)
- Epilog für Marija 239
- Ankunft 239
- Für ein Katze I 240

Achim Wagner (1967)
- Ankara meine Liebe 241
- Fahrt von Üsküdar nach Beşiktaş 242

Marcell Feldberg (1968)
    Bist jetzt woanders, ... 243
Simon Gerhol (1968)
    Mein Vater 244
    Der Erpel 244
Peter Kapp (1968)
    Etwas zerbricht 245
Stan Lafleur (1968)
    Durchschnittsprofi 246
Andreas Noga (1968)
    Schlussakt Aktenschluss 247
Ansgar Eyl (1969)
    Auf ein Wiedersehen 248
Anke Glasmacher (1969)
    Die Marmorplatte 249
Sabine Reyher (1969)
    Letzter Wunsch 250
    Pappelsamenschnee 251
Christoph Wirges (1969)
    anser anser 252
CRAUSS. (1971)
    Flusslauf 253
    Abschied 254
Carsten Stephan (1971)
    Müllers Abschied 255
    Der Weg zur Arbeit 256
Stefan Heuer (1971)
    zum ende der spielzeit 258
    sekunden 259
Joanna Lisiak (1971)
    dies ist kein abschiednehmen 260
Lars-Arvid Brischke (1972)
    stellwerk 261
Volkmar Mühleis (1972)
    Sommer 1943 262
    Ein Mann, den seine Jacke trägt 263
Martin A. Völker (1972)
    Ahnung künftiger Gewissheit 264
    Lied von der Rose 264

Erica Natale (1973)
    Nebelwesen 266
Patrick Wilden (1973)
    Eis essen gehen mit meiner Mutter 267
Ron Winkler (1973)
    Vater wird älter 269
Nicola Quaß (1974)
    Meine Kindheit vertauschte ich mit dem Zufall 270
Matthias Engels (1975)
    Alles kann fliegen 271
    als die märchen 272
Silke Loser (1975)
    ich sehe sie alle vor mir brauche in mir nur 273
Christoph Danne (1976)
    Bewegungsunschärfe (Cadaqués) 274
Safiye Can (1977)
    Endlich 275
Matthias Kröner (1977)
    Andere Welt 276
Dennis Karrasch (1978)
    Acherusisch 277
    Weltgewebe 278
Clemens Schittko (1978)
    Nachruf auf eine Jahreszeit 279
Jan-Eike Hornauer (1979)
    Zum Abschied 280
Angela Lohausen (1979)
    schlüsselübergabe 281
    opa 281
    verblichene stoffe 282
Gundula Schiffer (1980)
    Maia in der Mandorla 283
Judith Schäfer (1981)
    Ich sitze in deinem Schrank 284
    Du läufst 285
Gerrit Wustmann (1982)
    nâzım 287
    distanz (II) 287

Özlem Dündar (1983)
    als die frauen 288
    für die körper die toten 289
Michael Spyra (1983)
    Zu Besuch in einem Aschersleber Seniorenwohnpark 290
Kameliya Taneva (1989)
    im hinterhof auf eine leine zwischen bäumen 291
Philipp Beißel (1990)
    dissolving views. 292
Jakob Leiner (1992)
    HALBJAHR 293
    AUSWEG 295
Larissa Niesen (1996)
    Kommt, meine Freunde 296

Axel Kutsch (1945)
    Ein Gedicht verschwindet 299

Die Herausgeberin und die Herausgeber 300

Die Autorinnen und Autoren 301

Wie hab ich das gefühlt was Abschied heißt.
Wie weiß ichs noch: ein dunkles unverwundnes
grausames Etwas, das ein Schönverbundnes
noch einmal zeigt und hinhält und zerreißt.
[...]

Rainer Maria Rilke, Abschied
Aus: Neue Gedichte (1907)

Inge Buck

1936

Vater
dein Haus wird verkauft
wo du in die Bäume sahst
bewegt vom Wind
gebeugt vom Sturm
gepeitscht vom Regen

Wo du die Jahreszeiten
an dir vorüberziehen ließest
Blütenteppiche
Augusthitze
Herbstlaub
Schneefall

Deine Kinder
in den Städten
kommen nicht mehr
nach Haus
kein Machtwort
kannst du mehr sprechen

Die Toten schweigen
das Haus wird verkauft
verborgen hinter Bäumen
einer Zeder
einer Blutbuche
uralten Apfelbäumen

Verlorene Landschaft

Schlüsselblumenfelder
kinderkniehoch
Hügellandschaft
die Erde wölbt sich
am Horizont
dahinter
niemandes Land

Wir sagen
bis bald
und sehn uns
nie wieder
wenn der Zug
ankommt
ist es zu spät

Wolfgang Butt

1937

last exit

und schon wieder dio del cielo
am grab gesungen diesmal für max das
alphatier mit dem armstrongschen bass
im chor stand er rechts neben mir
stank nach zigaretten musste
zweimal an die frische luft
während der probe für ein paar
schnelle züge trank viel whisky
aber keinen malt hatte immer
einen coolen spruch auf lager
vor sechzig jahren in der schule
hätte ich angst vor ihm gehabt
dem klassenrüpel der dir unentwegt
zu nahe kam dich puffte wir sind doch
kumpel mit seiner grölenden stimme
die klarstellte wir sind doch alle
meiner meinung hahaha öhöhö
erzählte nicht nur säuische witze
er verstand sie sogar glaubten wir
deshalb lachten wir mit man hielt
die klappe wo so einer den ton angab
dazu noch saxofon spielte in der
oberstufenjazzgroup shubidua
shubiduabdadada shubidua
eher earl bostic als paul desmond jetzt
last exit bass im dorfchor lascia chio pianga
la dura sorte das kannst du nicht grölen
hahaha öhöhö und über deine witze

1937

lachst du nur noch allein komm hätte ich
sagen sollen probier mal meinen malt
aber ich hab ihn allein getrunken und als
wir endlich sprachen weinte er weil claude
sein kumpel seit mehr als vierzig jahren
gestorben war der hatte links von mir
gestanden und konnte gar nicht singen
grunzte gern bei den soprani mit
wenn sie ohne uns übten auch den bass
verstärkte er nur mit atonalem gemurmel
ließ keine probe aus seine anwesenheit
war mit dem chorleiter ausgehandelt eine
therapeutische maßnahme verordnet
von seiner frau die vor ihm starb wenig später
verschluckte er sich an einer pomme frite
ich stand daneben schluchzte max ich
liebte diesen claude er war immer so leise
mathelehrer und erstickt an einer verdammten
pomme frite ich hab ihn angebrüllt sogar ein arzt
war zur stelle aber nichts hat geholfen er wollte
wohl nicht mehr heulte max an meiner schulter
jetzt hab ich nur noch dich du bist mein
letzter kumpel was ist denn mit deiner frau
fragte ich die hast du doch auch noch naja schon
meinte er aber sie ist nicht leise das behalte ich aber
für mich sagte ich klar gab er zurück und schniefte
wir sind doch kumpel ich und du
jetzt liegt auch er da unten und ich als letzter bass
sing lascia lo andare per le tue montagne
ein bisschen lauter als sonst
damit mein kumpel max mich hört
inzwischen hat die witwe seinen röhrenden
range rover abgeschafft fährt jetzt einen flüsternden hybrid

wenn ich dann demnächst an der reihe bin
wird mir kein bass dio del cielo mehr singen
doch der verbliebene frauenchor
wird endlich himmlisch sauber klingen

1937

kurzer halt am straßenrand

sag lieber nichts wenn dir
die tränen kommen auf der
gewundenen straße zwischen
sonnenblumenfeldern bei
flirrender hitze und chris rea's
still holding on weil du mal wieder
nicht weißt wohin mit dir sentimentaler
esel halt an heul dich aus auch heute
wird deine richtungslose
dankbarkeit keinen abnehmer finden
lass die luft aus deinem blauen ballon
hast du nicht im ersten jahr englisch gelernt
you can't have the cake and eat it
und du kennst das prozedere
der spielverderber vom dienst wird
sich pflichtgemäß melden mit seiner
miesmacherei die alles durchdringt
der faktencheck der vor nichts haltmacht
auch deinen hehren gefühlen nicht
oder quält dich die scham darüber
diesen ort nicht so zu hinterlassen
wie du ihn vorfandst bei deinem auftritt
zu neanderthalers zeiten trauerst
endlich um bäume blumen gräser die du

1937

zertrittst im besten einvernehmen mit dir
selbst die schmetterlinge hummeln die
an deiner windschutzscheibe ungefragt
ihr leben für dein weiterkommen geben
oder bemitleidest dich selbst weil du
nicht weißt wohin die füße setzen unfähig
engelgleich zu schweben während das knirschen
der schneckenhäuser deine liebe zur natur
sabotiert aber jetzt mal im ernst es war doch klar
weichei du wo man sich ruhig niederlässt
da wird gehobelt und niemand hält

die späne die da fallen unendlich
sanft in seinen händen hör zu mach dein ding
verpass nicht unsere angebote kettensägen
laubbläser rasentrimmer mähroboter
arbeitet während du prosecco trinkst
nicht zu vergessen die rücknahmegarantie
von altgeräten zur fachgerechten entsorgung
abseits der kreuzfahrtrouten oder landstraßen
wie diese hier geheimtipp wenig befahren
zwischen weinbergen sonnenblumenfeldern
und während du noch am straßenrand stehst
dir die augen reibst und tief luft holst
bevor du weiterfährst in deinem geliebten
vierzig jahre zurückgebliebenen lancia hpe
hat chris rea den ton gewechselt singt jetzt
sein paradestück the road to hell

Karl Rovers

1937

Die Zwille

Weidengabel, fest und glatt,
gekerbte Rille, Gummiband.
Ein Spielzeug, meine Zwille,
so leicht und griffig in der Hand.

Kieselsteine hoch und weit,
in wunderschönem Bogenzug.
Gejagt auf kurze Strecken,
Geschosse jäh, blitzschnell im Flug.

Ziegelmauer, Gartenzaun,
Kastanienbaum, toller Spaß.
Dann peng und peng, getroffen.
Ein Rotkehlchen - tot im Gras -.

Federleichtes Vogelkind,
fröhlich zwitschernd rumgeflogen.
Noch ganz warm der kleine Leib,
Köpfchen wund und starr nach oben.

Kleine Augen klagen an:
Nie mehr hüpfen, nie mehr singen.
Leben kommt nie mehr zurück.
Da hilft auch kein Händeringen.

Kann dich nur begraben hier,
tief unter Klee und Hahnenfuß,
meine Waffe neben dir.
„Nie mehr!", ist mein Abschiedsgruß

Rudolf Fuhrmann

Niemandsland

Alle Leinen kappen. Hinter sich
die Schiffsbrücken abwracken.
Den Vorrat an Leere verstauen.
Mit der Fracht des Vergessens
abdriften ins Niemandsland.

Auch diesen Ballast
über Bord werfen.
Die Segel streichen.
Anker werfen vor dem
Kap am Teufelskreis.

Durchs Speigatt die Ratten
entweichen lassen.
Zusehen wie die Möwen
abstreichen ins Niemandsland.
Auf den Klabautermann warten.

Peter M. Stephan

Ist Sommer? Sommer war

Alles war einmal da, antworten
Schwalbenruf und Liederglück
Zärtliche Gesten am Teich
zu ziehenden Wolken hinauf
Dein Augenstern im Norden
blinkt…
über die Zeiten hin
Dein Gesang singt
Poesie

Schwer fließt dein Lied
ein strömender Strom
Wir aßen als Kinder
reife Kirschen
im Garten. Abend
tönt über Steingärten
Wände aus Musik
errichtest du um mich
gehst wieder unerkannt

Nie vergeß ich dich
Poesie…

(Polens Nachtigall Maryla Rodowicz gewidmet)

1939

1939 Es springen dauernd Leute aus dem Fenster...

Professor Fink: «ich weiß nicht, wie
es am 1.Jänner weitergehen wird» oder
«lebend bekommt ihr mich nicht»,

sagte der 19jährige Amokfahrer Ronald N.,
bevor er mit dem gestohlenen Volvo-Sattel-
schlepper voll auf die Straßensperre hielt

Schon das zweite Mal in diesem Jahr
19hundertund...
setzte eine Frau ihrem kurzen Leben ein
Ende,

indem sie das zweimeterfünfzig hohe
Absperrgitter auf der Aussichtsplattform
des Langen Lulatsch überstieg und
kopfüber kopfunter kopfzerstörend
in die wiedervereinigte Tiefe sprang

Ihr Körper schlug wenige Meter
neben dem Fuß des Funkturms auf.

Eine andere Schöne versuchte es
zuletzt noch einmal mit Sex, dann
flog sie vogelschwer aus einem Fenster
des weltberühmten Kunsthauses Tacheles,
ein verdammt schräges Happening

Rüdiger Stüwe

1939

Helle Erinnerung

Der Abschied ist noch jung
aber du bist schon weit fort
in deiner eigenen Zeit
nur
die Bananenschale
auf dem grauen Teppich
erinnert noch an dich

und dein Gitarrenspiel
das lautlos
im leeren Zimmer

schwebt

Unwiederbringlich

Was ich an dir
gehasst habe
wie du streitsüchtig
unversöhnlich immer
auf dem Sprung warst

wünsche ich mir nun
zurück da du furchtbar
friedfertig dasitzt und fremd
mir erscheinst so nah
am Ende.

Wolfgang Bittner

Ausbau eines Weges

Jahre später an dem Ort,
wo ich aufgewachsen bin,
sitze ich im Wagen.
Die Kastanienbäume sind schon lange gefällt,
alles ist übersichtlich jetzt
und eingeebnet, nur noch
eine breite Hauptverkehrsstraße
mit vielen weißen Linien
und Pfeilen an einer Abzweigung,
die führt wer weiß wohin.
Die Scheibenwischer fangen an zu quietschen,
ein paar Autos ordnen sich ein,
der Stadtrand liegt bedrohlich nahe.
Kein Schlehdorn mehr,
kein Teich,
das Rübenfeld glänzt wie Asphalt.

Nach Jahren

In meiner Erinnerung war
der Himmel höher,
Enten schnatterten in den Weihern
und Rebhühner stoben auf
an den Wegen,
die hellen Wolken zogen
wie ferne Segelschiffe
mit ihren Schätzen vom Meer,
Heu duftete in der Scheune.

Als ich wiederkam,
waren Wolken und Wald
viel näher,
verfallen der Hühnerstall und
bucklig die Dächer,
durchlöchert;
Unkraut wucherte auf dem Hof,
im unbestellten Garten
blühten hüfthoch die Lupinen.

Kein Rauch,
kein Kindergeschrei,
nicht einmal Schwalben.

1941

Ingo Cesaro

Und Hand aufs Herz

schiebt das Leinentuch etwas zur Seite
weint still und kämpft mit den Tränen
versucht seinem toten Sohn
Kekse in die kleine Hand zu legen
was ihm nicht gelingt
legt die Kekse schließlich daneben
„die hat er gerne gemocht"
flüstert der Mann im Abschiedsschmerz
und deckt den toten Sohn wieder zu

uns stehen Tränen in den Augen
trauern mit dem Vater
drücken die Tränen nicht weg
und Hand aufs Herz
trauern wir auch noch um Beide
wenn wir erfahren
es ist ein palästinensischer Junge
und alles passierte
im heftig umkämpften Gaza-Streifen.

Heimweh

sie sammeln sich
in Wartesälen und auf Bahnsteigen
wie Zugvögel im Herbst
laut gestikulierend

so
als stünde die große Reise
kurz bevor
sie umarmen sich
wenn der Fernschnellzug
ohne sie
den Bahnhof verlässt

und weinen sich
in die kalte Wirklichkeit
zurück.

Evert Everts

1941

Die Prager Friedhöfe

Die Prager Friedhöfe haben malerische Namen
wie die Stadtteile selbst, in denen sie liegen.
Auf einem, dem Vinohrader,
fand die Asche der Schwiegermutter

ihre letzte Ruhe.
Ihre Urne reiste aus dem heiteren Mähren an.
Wir bestatteten sie in einer stillen Stunde
in der Nähe großer Namen.

Nicht weit von hier, zwei Haltestellen stadteinwärts,
ruht der rastlose Dichter Kafka in Olšany,
Seine Freundin Milena*,
ihr nur in Briefen tief verbunden,
fand ihre letzte Ruhe in den flüchtigen Wolken.

Die Unruhe findet oft ihren Anfang
im elterlichen Hause,
bahnt sich ihren Weg in die Welt
und zerstört in uns den Frieden.

Die Mutter aber hielt sich fern von aller Unrast,
widmete sich den Blumen, ihren Freunden.
Hinter ummauerter Stille jetzt,
an diesem kleinen Ort des Gedenkens,
erinnert an sie das Eine:
Sie hinterließ die schönsten mährischen Augen.

*Milena Jesenská (geboren am 10. August 1896 in Prag, Österreich-Ungarn; gestorben am 17. Mai 1944 im KZ Ravensbrück)

Beobachtung

Schon vor Jahrzehnten sah ich ihn
in seinen Rosenbeeten,
jung noch, doch älter als ich.

Über Jahre begegneten wir einander –
flüchtig hin und wieder.
Seine Rosen blühten auf,
und fürsorglich wässerte
seine Hand die Junigluten fort.

Wir alterten, ohne es zu ahnen.
Gestern vor seinem Rosengarten
traf ich ihn erneut –
gefesselt an einen Rollstuhl.

Günter Helmig

begegnung

habe dich kaum wieder erkannt
gestern in deinem schmalen
kiefernbett

geschrumpft der körper
pergament die haut
mienenspiel erstarrt
im frost

nur deine hände sind groß
die finger weiß und lang

ich sah dich zuletzt
im blauen kleid
besungen von heiteren gästen
du hast dich gefreut über uns
und das leben
und wahrheit
ausgesperrt

Ulrich Straeter

1941

Der Freund
Am Kanal Nivernais, Bourgogne

Treibe weiter, Freund, schuppiger Geselle
machtlos den Fluten preisgegeben
abgetrieben von den Wellen der Boote

Treibe weiter, Freund, deinen ewigen Weg
durch die Wasser der Kanäle zum Fluss
dem Strom, der dich trägt zum Meer

Treibe weiter, Freund, du wirst wiederkehren
treibe deinen Weg, wir folgen

Wünsche

Am alten Friedhof Krähenschreie
und dunkle Finger der Zypressen
Blumen und Bilder über den Inschriften
Der und die von bis

Leben zwischen Fixpunkten
endgültig unausweichlich
Einer genießt den Blick in die Ebene
Hier möchte ich liegen

Uta Franck

Abschied von einer besonderen Zeit

Ich entsinne mich längst vergangener Zeiten
Ich erinnere mich einer besonderen Zeit
Ich stelle mich einstigen Freuden und Leiden
Vielleicht war alles richtig und gut?

Ich erlebe diese Zeit noch einmal
Ich wundre mich über mich selbst
Ich bin nicht mehr ängstlich und einsam
Doch vielleicht war alles richtig und gut?

Ich hauche dieser Zeit mein Herz ein
Ich gestalte sie schreibend neu
geflohen und endlich erwachsen

Und alles ergibt einen Sinn

Helga Kolb

Abschied

Jetzt
Aufhören zu denken
Während der zeiger
Übers zifferblatt rast
Der letzten minute entgegen

Im duft
Der späten rosen
Find ich dich wieder
Und im wirbelnden
Herbstlaub

Nur nicht daran
Glauben dass
Novembernebel und sturm
Sieger sind

Rainer Wedler

die Freundlichkeit
Walter Helmut Fritz in Erinnerung

seiner warmen Augen ist nicht gealtert
seines Schweigens

noch immer bin ich sein Schüler
die Bänke waren eng hart
rochen schlecht
ja
hat er gesagt
wir passen da nicht hinein

bei jedem Abschied
der Rat
flieg nicht so hoch
sei achtsam

nackt

SonneRegenSturmSchnee
ausgesetzt der Anachoret

der Welt entrückt im hohen Rund
auf dem ein Hörnchen turnt
und eine Nuss verliert
genug für diesen Tag

im Spiegel sucht sich der Anachoret
vergeblich

weiß nur
die Zeit ist abgelaufen

Bernd Bohmeier

Skizzen zur Wahrnehmung

Stell dir Geborgenheit vor
an einem Ort ohne Raum
auf einem Weg
von nirgendwo nach nirgendwo
in bodenloser Nacht

Eine Taube im offenen Fenster
die ihren Heimflug nicht mehr im Kopf hat

Der Gedanke
dass du allmählich
aufhören wirst zu denken
eines Tages einfach
zu Ende gedacht haben wirst

Suchst ein Wort
Es ist weder Gedächtnis
noch ist es Erinnerung
es ist das Vergessen

Dein Weg kommt auf dich zu

1943

Es ist nass
das Laub unter den kahlen Bäumen raschelt nicht
auf dem kleinen Altar
GLAUBE LIEBE HOFFNUNG
in Holz geschnitzt
steht die Urne
eine verschlossene Vase
grüne ins Gelb changierende
verschiedenfarbig schillernde
abstrakte Blattformen
rot geädert dicht beieinander
auf dunklem Grund
in dem sich im Luftzug bewegte Zweige spiegeln
Und da ist der Moment
als könntest du durch diese Außenhaut hineinsehend
atmende Asche erkennen

Zwei Reihen zu je fünf Bänken
die beiden Angehörigen sitzen links
in der ersten Reihe
und warten
mit dem beiseite stehenden Bestatter
auf die Seelsorgerin
Das Loch für die Urne
links vor dem nahen Baum
ist tief

Eine Spinne
der gelbe Körper
streichholzkopfgroß
seilt sich vom Bauch der Urne
zur Altarplatte ab
klettert an einem für uns

1943

unsichtbaren Faden wieder
zur Buchtung hinauf
lässt sich in Zeitlupe wieder herab
und klimmt wieder zurück und so fort
bis der Bestatter
durch das Emporheben der Urne
das Netz zerreißt

Die Spinne bleibt
und wird mitversenkt in die Erde
vor dem Baum mit dem kleinen Messingschild

Rolly Brings

1943

Rathenauplatz
Sich erennere, öm Avscheed nemme zo künne...

Vum Rathenauplatz die ahl jrau Katz
Hät Naach noch em Bleck, strich öm de Eck.
Hinger d'r Synajoch Sonnefinger en d'r Looch.
Ne Sprayer määt de Flitz, schaff keine 'tag'.

En selver Finsterschieve jespeejelt Wolke drieve.
D'r Fröhwind weck de Blädder aan de Bäum.
Vum Bahnhoff Süd d'r Fröhzoch-Hall vun Düx-Deef bes noh Kall.
Duuvefloch plätsch plump en Morjedräum.

Vis à vis spillt einer Jitta. Guido däut sing Sackkaar.
Bei Hüttens lijje fresche Brütcher us.
Die Musik em Yalla-Lade muss noch e Wielche waade.
D'r Shab stellt allt ens Stöhl un Desche rus.

Die Jrundschullkinder-Blos höpp noh d'r Lochnerstroß,
Wo Sammy Maedge düster Schätzer häuf.
Wat för de Schull ze klein es, dat kütt jetz en de Fluhkess.
D'r Morje weed met Bier om Platz jedäuf.

Dä Pantomime-Kater schlich höösch en si Thiater.
Et Veedel jriemelt, fingk dat janz normal.
Em Firat-Market laach die Praach us dausend un us einer Naach.
Et Zimmes dräump, et wör e jroß Lokal.

Die Hüng han ehr Jeschäff jemaat. Hungsaanhang hät d'r Lapp jeschwaadt.

Rathenauplatz
Sich erinnern, um Abschied nehmen zu können...

Vom Rathenauplatz die alte graue Katze
Hat Nacht noch im Blick, streicht um die Ecke.
Hinter der Synagoge Sonnenfinger in der Luft.
Ein Sprayer macht die Flitze, schafft keinen 'tag'.

In silbernen Fensterscheiben gespiegelt Wolken treiben.
Der Frühwind weckt die Blätter an den Bäumen.
Vom Bahnhof Süd der Frühzug-Hall von Deutz-Tief bis nach Kall.
Taubenflug platscht plump in Morgenträume.

Vis à vis spielt jemand*Gitarre. Guido*schiebt seine Sackkarre.
Bei 'Hütten' liegen frische Brötchen aus.
Die Musik im 'Yalla-Laden'*muss noch ein Weilchen warten.
Der 'Shab*' stellt schon mal Stühle und Tische raus.

Die Grundschulkinder-Blase hüpft nach der Lochnerstraße,
Wo 'Sammy Maedge düstere Schätze'*häuft.
Was für die Schule zu klein ist, das kommt jetzt in die 'Flohkiste'*.
Der Morgen wird mit Bier auf dem Platz getauft.

Der 'Pantomimen-Kater'*schleicht behutsam in sein Theater.
Das Viertel griemelt, findet das ganz normal.
Im 'Firat-Market'*lacht die Pracht aus tausend und aus einer Nacht.
Das 'Zimmes'*träumt, es wäre ein großes Lokal.

Die Hunde haben ihr Geschäft gemacht. Der Hundeanhang hat
sich unterhalten.

1943

Weißlocke pirsch aan Parksünder sich raan.
Em VSB die Monitore wie blinge matte Auge loore.
Ne Kölsch-Poet stich sich en Schwatze aan.

En Maria Piek ehr Blomehuus käuf einer stell en rude Rus
Un läät sei vör de Synajogedör.
Hä freut sich aan dem Morje met all dä Alldachssorje –
Nem Morje ohne Schirve, Hass un Föör.

De Morjesonn molt aan de Wäng hell Bilder em Kwartier Latäng.
Die Alma mater sammelt all ehr Pänz.
Dä Freier weed de Zick nit lang em Boisserée-Etablissemang.
Et es nit alles Schrott he, wat nit jlänz.

'Weißlocke'*pirscht sich an Parksünder ran.
Im 'VSB' die Monitore sehen aus wie blinde matte Augen.
Ein Kölsch-Poet zündet sich eine 'Schwarze' an.

In 'Maria Pieks Blumenhaus'*kauft einer still eine rote Rose
Und legt sie vor die Synagogentür.
Er erfreut sich an dem Morgen mit all den Alltagssorgen –
Einem Morgen ohne Scherben, Hass und Feuer.

Die Morgensonne malt an die Wände helle Bilder im 'Kwartier Latäng'.
Die 'Alma Mater' sammelt all ihre Kinder.
Den Freiern wird die Zeit nicht lang im 'Boisserée-Etablissement'*.
Es ist nicht alles Schrott hier, was nicht glänzt.

*Der Text wurde vor fast 30 Jahren geschrieben. Die mit *gekennzeichneten Personen und Lokalitäten gibt es heute, 2024, nicht mehr.*

Bert Brune

Wieder bei Dieter

Ging zur Haltestelle
aber es war zu heiß
zu heiß, und man bekam kaum Luft
wollte schon umkehren
aber da dachte ich
an Dieters Grab ist es anders
vielleicht kühlender Wind.
Der Bus kam, ich stieg ein
und an Dieters Grab war kühlender Wind
saß dann in der Nähe auf der Bank
wusste instinktiv, die Bank ist im Schatten
windig und schattig bei Dieter
sehr heiß
aber hier nicht
wusste ich einfach.

Habe immer noch Kontakt zu Dieter
vor 11 Jahren gestorben
aber es gibt ja die Seelen
die Seelen sorgen für die Verbliebenen.

Karl Feldkamp

endzeitiger

irgendwann kommt unerwartet
auch deine vorendzeit
ins alternde gedächtnis

nicht nur das kopfkino läuft
ausschließlich slow motion
und tarzans schwünge lassen
jane viel zu lange warten

glatte haut ist längst
nicht mehr dein streichelrevier
und du kannst dir nicht merken
was du vergessen wolltest

1943 Ulrich Schröder

Abschiedslied
Kirchhof Satemin Mai 2018

Als zwischen Fliederblütenflut
und sonnenwarmer Ziegelwand
die hochbetagte Dichterin
der Erde anvertraut wurde,
sang nahebei ohne Unterlass
eine Nachtigall.

Zu kitschig für ein Gedicht?
Sie hätte es wohl geschrieben.

Abschied vom Bruder
Friedhof Grenzheide unter der Abflugschneise

1943

Triebwerksdröhnen
vielmals täglich,
steigt zum Himmel,
fällt zur Erde.

Wohin bist du
aufgestiegen?
Aufgefahren
in den Himmel?

Deine Asche
warm umhüllt nun.
Rasendecke,
Sommererde.

Bei mir findet
deine Seele
ein Zuhause
in Erinn'rung.

1944
Eva-Maria Berg

damit sie den abschied
hinter sich bringen
gehen sie schon
vorher auseinander
ohne ein wort ohne
sich zu umarmen
sie gehen als
blieben sie
für immer
zusammen

flügelschuhe
hätten dir gut gefallen
doch du brauchtest
sie nicht um davon
zu segeln auch bei flaute
federleicht wie du
nun warst trugst du
dein kleid das kleine
schwarze die spitze
aus seide deine arme
frei du ließt sie
nicht sinken beide
hände sie winken
noch immer

Christiane Eichler-Magdsick

1944

meiner enkelin

fassaden stürzen häuser bersten
menschen in kellern schächten hundert
tausende auf der flucht mütter
mit verstummten kindern
die alten kennen trümmer und schutt ich

halte den grauen zopf meiner großmutter
die krone in ihrem nacken
sehe sie im dunkelblauen kleid nicht gross
nicht klein wandervogelbewegt
auf dem fahrrad zur freundin ein hütchen
mit kurzem schleier auf dem gepäckträger
gartenblumen schwefelgelb
gewitter krachen fenster zittern
du und ich falten
schneiden figuren kreisen
auf dem ovalen tisch ich
5 jahre alt fürchte mich nicht
sanft und weh siehst du
auf mich dein herzblättchen die tochter
deines im krieg verschollenem sohnes ich
verstehe die augen
der mutter meines unbekannten vaters nicht
zwerghühner im spargelkraut ferien bei
den großeltern schattenmorellen ein männlein
im walde der plumpsack
springt um das klavier jahr
für jahr cottbus bis ich
9 jahre alt mit der mutter republikflüchtig werde
das puppengeschirr aus deiner kindheit

1944

kommt in die freie hansestadt
sommer und quittenbrot
duften mir entgegen
der kleine becher dem braven kinde
in goldener fraktur ist immer
noch im schrank
und gebündelt deine briefe nicht mehr sütterlin
für die enkelkinder lerntest du die geläufige schrift
in schwarze wachstuchkladden hast du
die vogelspuren meines vaters
kurzschriftbriefe aus der studentenzeit
übertragen für mich
sollte dein sohn lebendig werden und
auf eurer goldhochzeit saß ich
nicht dein erstgeborener auf dem ehrenplatz
zu deiner rechten doch ich
12 jahre alt fragte nicht
im westlichen licht und straßenverkehr ohne
die vertraute scholle wirkten die großeltern hilflos
du im lehnstuhl
ein buch in den händen schaust
mit weitsichtigen augen zu mir herüber ich
14 jahre alt sehe dich auf der bettkante
flach atmend gebeugt
schreibst du deinen letzten brief

sie wartete ein leben lang auf ihren sohn
wie meine mutter auf ihren mann verschollen
in der festung königsberg ich
42 jahre alt muss den unbekannten
vater für tot erklären
mit 70 reise ich nach kaliningrad
auf seinen wegen in der vogelwarte rossitten
laufen meine füsse und augen auf ihn zu

Barbara Franke

1944

Sintflut

blumen verdorrt
das gras die tränen
trocken die erde
trocken der tod
mein vater mein vater
ich gieße dein grab
auf dem grab feuer
wanzen über einander
her den trieb
unterm panzer
feucht das leben
vater mein vater
ich gieße dein grab
schwarze toten
schädel auf rotem
grund wasser
sintflut ertränkt
das wanzen gezücht
das leben dem tod
mein vater
ich gieße dein grab
ich gieße muß gießen
bis endlich tränen fließen
vater
ich gieße mein grab

Franz Hodjak

Immer liegt etwas auf der Zunge

Immer war ich am Suchen. So habe
ich staunen gelernt. Gestaunt habe ich über das,
was ich gefunden habe, und noch mehr
gestaunt habe ich über das, was ich
nicht gefunden habe. Der Herbst ist die Zeit,
in der nachts die Zweifel kommen.
Engeren Kontakt halte ich zum Nötigen und
Unnötigen, zu einigen Faustregeln
des Vergänglichen, zum Rückenwind, und zu
allem, was mehr Platz braucht zum Denken.
Wie jeder im Reservistenverein wird auch
der Specht im Garten fast verrückt
vor Glück, wenn er die Sinfonie Krieg und Frieden
von Schostakowitsch hört.
Das große Verschwinden hat rund
um die Uhr zu tun. Am Morgen muss ich mich
am Bett festhalten, um nicht auch
zu verschwinden . Zufälle in Gestalt von
gefallenen Engeln haben auf der Erde
jetzt das Sagen. Sie wechseln die Schlösser aus
und entscheiden, wer hinein und wer hinaus darf.
Immer liegt etwas auf der Zunge, das sich
zurückhält, weil es an sich zweifelt. Der Zweifel
ist auch eine Art Tankstelle, wo ich
Phantasie tanke. Und außer dem Leben
gibt es nichts, was ein Leben lang dauert.

Einmal wird ein Freitag sein ohne mich

1944

Überall ist Sprache, die als Notwehr
dient. Plötzlich Probealarm. Die alte Dame
im Rollstuhl packt das Schaudern.
Im Kofferraum liegt das Wochenende,
in der Küche ist schon Montag.
Dass es Träumer sind, die vorbeigehen,
erkennt man an den leisen Schritten.
Am Monatsanfang suchen die Löcher in der Welt
nach einer angemessenen Form.
Man ist gewöhnt, um jeden Zentimeter
zu kämpfen, auch wenn man ihn nicht braucht.
Die ganze Nacht durchsuchen unsere Träume
und finden nicht, was sie suchen.
Ab und zu hebt ein Hund das Bein und
verstopft eine Abhöranlage.
Alle drängen durch irgendwelche Türen,
weil sie nicht glauben, dass dahinter nichts ist.
Und niemand kann die verlorene Zeit
finden, auch wenn er weiß, wo er sie verloren hat.
Jeden Freitag ist Markt. Einmal wird Freitag
sein ohne mich. Dann geh auf den Markt und nimm
das mit, was von mir in dir geblieben ist.

Charlotte Ueckert

Jahresende

Jede Nacht verglüht der Mond zum Strich
Dies sind die dunklen Nächte
Angstnächte ohne Zuhause
Bis zum Drei-Königstag
Das neue Jahr feiert sich
Mit Sternenlicht
Pass auf die Kerze auf
Dass der Wind sie nicht zertropft
Und schnell verlischt
Die Todesanzeigen vom letzten Jahr
Wirf in den Orkus

ICH KANN KEINEN ABSCHIED NEHMEN
Verkündigst du weißt nicht wie
Verlangst ein Rezept für Abschied
Ganz langsam lange vorausgedacht
Ausschließen dass er nicht kommt
Alles für seine Ankunft vorbereiten
Die lange geliebten Orte tapfer verlassen
Sich befreien von der Last der schönen Dinge
Menschen festhalten nur auf Zeit
Alles was weh tut mutig schultern

Rosemarie Zens

Auf dem Rothorn / der Mira-Stern kaum zu sehen noch
Doppelt verborgen dies Stück Himmel / auf die Erde abgestellt
Zieht den Tag herauf / am Felsen liegt die Sonne / hier stand ich
Glaubte nicht allein zu sein // Im Schein der Laterna Magica
Ausgesetzt dem Widerhall / von der Stille in die Weite zu gelangen

Beim Abstieg / sich einen Reim machen / was man so hört
Vom Adler / wenn er vom Raben zu lernen sucht und
Die meiste Zeit vergeudet // Was machen die Wölfe auf dem Baum
Der Sonnenplatz ist leer

Im Tal / ein paar Kiesel / über die Ufer gerollt // Sandkörner
In die Luft geworfen // Auf dem tiefsten Grund beginnen leicht
Zu werden / federleicht

Bis ins Unendliche

Klanggewänder streifen
Entlang des Meridians
Wischt der Schlagzeugbesen
Über das Blech sinkt die Eisstarre
Singen die nackten Worte sogar
Trag den Kopf gerade
Auch wenn die Zunge schwer ist
Sieh Zahl und Rhythmus
Furchtlos ins Gesicht
Wie sie deine Verse umhüllen
Den Zufall zu zähmen
Auf der geworfenen Münze
Gras verwandeln in Meeresgrün

1945 Susanne Müller

Fluchtprotokoll

Es eilt
die Horden rücken heran
keine unnützen Bündel schnüren
die Liebsten im Auge behalten
Hände frei geben für die Schwachen
an jeder Hand ist ein Kind zu finden
habt ihr warme Mützen zwei Schuhe ein Taschentuch
gegen den Hunger Trost verteilen wie Brot
im Hof die Wäsche dem Wind überlassen
Kaninchen und Katze noch füttern
ihrem Scharren und Schnurren nicht lauschen
Tränen auf morgen verschieben
mit Augen wie Turmfalken besonnen bleiben
Wut Angst Verzweiflung jetzt nicht benennen
Stimmen versunkener Häuser und Straßen
für immer verändert
das Lächeln von Nachbarn Freunden Vorfahren
im Schatzkästchen mitnehmen
nicht zurückschauen den Frieden suchen
an jeder Hand ist ein Kind zu finden
die Flucht ergreifen das Schicksal wenden
aufbrechen es eilt

Angelica Seithe

Zuletzt

So standen sie zuletzt
vor dieser abgeschabten Tür
Die ockerfarbne Hauswand
fleckig und
mit weißer Schrift beritzt
Verblasste Zeichen
wie in einer Höhle, die lange
niemand mehr betreten hat

Er seltsam klein, fast federdünn
Sie auf dem Sprung in ein Geschäft
Sie sah ihn gern. Wie es ihm gehe?
Er sagte: Besser jetzt. Er lächelte

Als sie ihn wiedersah
legte sie stumm eine Rose
auf den Stein mit seinem Namen

und ging

1945

Nachricht

Er war gestorben

Sie fand den schwarz geränderten Brief
unter der Weihnachtspost

Zweimal ertappte sie sich
bei dem Gedanken ihn anzurufen
um ihn zu fragen
was denn passiert sei

Christa Wißkirchen

Inspektion

Wasserkrug hast du, Löffel und Lämpchen,
Spielbrett, Zupfkürbis und geschärft das winzige Messer,
Girocard, gegen Staubsturm den Schleier,
und ich höre auf ihren Täfelchen reichlich
der fremden Wörter klappern im Beutel, gut.
Lass deine Augen sehn: schön geschwärzt,
den Münzschmuck über der Stirn. Doch bin ich
noch nicht zufrieden: öffne die Faust,
nur ein wenig, dass ich erkenne,
ob vom geheimen Schatzstein das bläuliche Glimmen -
in Ordnung, und Segen,
Segen dir auf die Reise, mein Kind.

Sie gehn

Unter windstillen Sternen sinkt die Temperatur
und die sanfte Klammer der Frostnacht zieht an.
Hörst du? Hörst du? Es geht etwas vor:
Lösen, Rascheln, Rascheln und Sinken.
Das war unterderhand geplant,
heimliche Trennschicht,
aus eigenem Vorrat beizeiten gebildet.
Ihr Baum lässt sie los, und nichts kann sie halten,
denn jetzt ist es beschlossen: sie gehn.

Manfred Chobot

unsterblich – oder was

alle träumen wir von der unsterblichkeit
doch dann sind wir alle weg vom fenster
nur ein paar glotzen herein weil sie eben
ein wenig anders waren wie der Kafka
und der Rembrandt oder wie der van Gogh
oder noch ein paar typen wie der Lennon
doch den rest von den paar millionen kannst
du vergessen spätestens die nächste und
übernächste generation hat den
namen nie gehört und es geht ihnen voll
am arsch vorbei was die kerle getrieben
haben gemalt oder geschrieben dafür
hätten sich manche nie gedacht wie der
Schiele dass man für ihre bilder einmal
so unverschämt viel geld bezahlen wird
wer mag schon die bücher von einem
Urzidil oder Wassermann heute noch
lesen aber jeder dichter und maler
redet sich ein dass sein werk die ewigkeit
überleben wird dabei ist alles ganz
einfach du musst nur der Mozart oder der
Shakespeare werden oder wie der Kennedy
erschossen werden wenn du ein hirn wie
der Einstein oder eine figur wie die
Monroe hast bist du super aus dem schneider

transplantation

erst meine halskette
dann mein armband
schließlich dich verloren
stört mich nun kein
goldschmuck mehr
meine bewegungsfreiheit
wieder erlangt
haben sie mir das herz
einer wespe oder biene
oder ameise eingepflanzt

1947

Gerd Meyer-Anaya

1947

große bitten

bitte keinen katafalk
gönnt mir einen billigsarg
und verascht mich in dem ofen
achtet gut auf große hitze
damit alles wohl verbrennt

kehrt dann meinen kalten rest
in die ausgewählte urne
halt entfernt zuvor metallnes
nieten was vom gürtel blieb
und weint nur so viel ihr müsst

keinen pfaffen will ich hören
sollte ich noch hören können
und kein loblied sollt ihr singen
gerne könnt ihr noch erzählen
was euch in erinnerung ist

verschmäht mir nicht den leichenschmaus
trinkt zwei gläser von dem besten
rotwein den ihr finden konntet
trinkt auf euch und auf das leben
stoßt mit meiner urne an
nur die engsten weggefährten
sollen mich nach spanien bringen
fahrt mich dort hinaus aufs meer
öffnet das was noch verschlossen
achtet bitte auf den wind

1947

damit sich nichts im boot verfängt
wenn ihr meine asche streut
mir die große freiheit schenkt
ich im wasser schweben werde
so wie einst im mutterleib

Peter Salomon

Abschied

Alle, die den kleinen Peter kannten
Sind nun tot.

Die Eltern, die Lehrer,
Spielkameraden
Freunde der jungen Jahre – selbst
Manche Gräber schon wieder aufgelassen.

Wo liegen Herr Hensel und Frau Zilias?
Er schrieb ins Zeugnis: Peter fällt
Durch sein ruhiges Verhalten auf.
Und sie: Peter hat Schwierigkeiten
Mit der Sprachlehre.

Wo liegen Herr Lange und Herr Stieler?
Herr Lange gab mir eine „2" in Deutsch
Und rettete so die Versetzung.

„Stielchen" verriet mir, daß ich in Mathe
Ins mündliche Abitur muß. Immer wieder
Übte er an der Tafel eine bestimmte Rechnung
Mit uns, mit der ich dann geprüft wurde.

Er war unser jüngster Lehrer. Morgens
Kam er mit dem Taxi zum Unterricht
Leicht verspätet. Er roch nach Alkohol, Kneipe
Und hatte rote Augen.
Unter Restalkohol rechnete er wie ein Gott.

Ihn liebten wir wirklich.

Früh gestorben auch Merkel (Selbstmord)
Ramon Seidenberg (Selbstmord). Mein Freund
Hubertus Graf Schwerin, ermordet in Mexiko
Auf der Reise direkt nach dem Abitur
Und der hübsche Kleine, den ich so mochte:
Erschossen bei einem Bankraub (als Kunde).

Alle, alle sind nun tot.
Auch Doktor Schwiderski ist tot, gut so!
Hoffentlich treffe ich dich nie wieder.

Alle, alle sind nun tot.

Blätter

In den Teich fallen die schmalen Blätter
Der Trauerweide und drehen sich
Auf der Oberfläche.
              Auch ein weißes Blatt
Papier schwimmt dazwischen, viereckig
Und still.
      Mir scheint es, als könnte ich
Noch die Linien einer Schrift sehen
Die sich auflöst in blaue Schlieren.

Die Blätter drehen sich weiter
Derweil das Papier versinkt –

Armin Elhardt

Ade mit Weh

Tränenlose Zitronella,
tust Weh mir, so viel Weh.
Hab ich denn nicht
den Hintern deines Herzens
mit tausend Küssen tätowiert?

Und dennoch schenkst du
mir Verdammten
kein einzges gutes Wort.
So nimm denn meines also –
Tschüs!

Reinhard Henning

1948

inmemoriam

was er sich
so sehr wünschte
aber nie besaß:

eine katze
der er beim schlafen
zusehen konnte

einen hund
für die spaziergänge
runter zum fluß

einen alten
verwilderten garten
um geheimnisse
zu vergraben

gelassenheit
und ruhe
wenigstens manchmal

und einen engel
an der kette
der die zähne
fletschte wenn
die welt
sich nähern wollte

1948

über das wünschen
verstarb er
so plötzlich
wie erwartet

finissage

bei seinem eintritt
kroch kälte
wie ein gas
durch den raum
die gespräche
kamen ins trudeln
die blicke wußten
nicht wohin

dabei hatte
sich der tod
nur dein gesicht
ausgeliehen
du selbst
warst schon lange
nicht mehr
unter uns

wir feiern
sagte ich
das muß jetzt
nicht sein
komm morgen
wieder

morgen
sagte er
habe ich schon
was vor

in aller bescheidenheit

begrabt mein herz
in bottrop bei karstadt
am fuße der rolltreppe
im zweiten stock

dort wo man einst
schallplatten verkaufte
knetgummi und
indianer-figuren

verbrennt den rest
und füttert damit
das staubsauger-beuteltier
vom kalten eigen

und bittet einen
der unzähligen spatzen
am haupteingang
einmal pro woche
SURFIN' BIRD
zu schmettern

das alles würde mich
immens beruhigen
und danke
für die mühe

Helga Schulz Blank

fliederduft

zum abschied
verpackt in goldpapier
ein sämling

im frühjahr
vor ihrem fenster
fliederduft

**

goldene teller
spitzendecken verschenkt sie
seine briefe nicht

Ingeborg Arlt

1949

Heimkehr

Hab ich je der Schwelle fürs Verbindliche gedankt?
Und der Uhr für ihre Mahnungen?
Und den Bildern für ihr Entgegenkommen,
den Büchern für das Wesentliche,
dem Tisch fürs Ertragen von Gebrauchtem
und der Heizung für ihren Beistand?
Ich soll älter, aber nicht kälter werden.

Auch dem Schrank ist zu danken,
weil er nur Sammlung duldet, Ansammlung nicht,
dem Bett, das immer für mich da ist
und dem Schreibtisch, an dem ich
den Kopf heben kann,
um auf den Götterbaum vorm Fenster zu sehen,
der wächst und wächst und wächst,
wie in mir der Wille,
nicht weiter zu werben.

1949

Einladung zum Klassentreffen

Die Einladung erinnerte ihn an den Jungen,
den sie nicht mitspielen ließen, weil er irgendwie
anders war, wie genau wussten sie nicht.
Er auch nicht. Er wollte ihnen ja gleichen.
Er gab sich ja Mühe und ihnen den Ball,
und später seine Hausaufgaben zum Abschreiben,
und noch später zu, dass er manches nicht könne:
Motorrad fahren, Mädchen aufreißen - ach was
haben sie da gelacht!
Und Größeres
wollten auch sie, einen größeren Wagen
zum Beispiel, während er
in Hörsälen Menschen in Sprechzimmern
zu behandeln lernte,
auch mit Worten so, dass er kein Leid
steigerte.
Leider, leider
müsse er absagen, schrieb er.

Gisela Becker-Berens

kippengedicht

die ersten chansons
die wir auswendig sangen
samtweich Adamo
melancholisch Françoise
Bécaud explosiv

am sonntag der herd
sidolingeputzt
nach rouladen klößen
und pudding

die ersten pommfritt
ein neues wort
sofort übernommen
samt speichelfluss

geklaute HB aus
vaters bestand
inhaliert auf lunge

zum reim gekräuselt
der rauch

1949 Ingeborg Brenne-Markner

an diesem vorletzten tag
im dezember
sahst du aus dem fenster
wie das wetter sich besserte
über deiner stadt
und ich sah dich
später im mondschein
wie du langsam
lachend und winkend
auf deinem rad auf das dach
des posttowers zufuhrst
komm gut an
rief ich dir nach
wie pötzlich die stille da war
und meine worte
geboren in der nacht
verschliefen
den heraufziehenden morgen

Hans Georg Bulla

Baggersee

Eine lange Nacht, ein kleines
Feuer, die Flaschen im Wasser.
Wir im Kreis hockten auf
abgeschlagenen Stämmen,
weit weg von Schule und Geschäft.
Die Flasche in der Hand,
eine Zigarette wanderte,
das Gelächter wurde lauter.

Im Rücken kühl die Dämmerung,
der Transistor stumm geworden,
genug geredet, genug geraucht.
Zwei legten sich in die
Schlafsäcke auf den Boden,
zwei teilten sich die Matratze.
Einer ging noch einmal
um den See und kam nicht wieder.

Altes Paar

Sie verrücken ihre Stühle,
nicht einerlei, wohin das
Licht sich dreht
Sie bleiben sitzen
hören auf die Schläge
in der Brust und
auf den Wind, der

nach der ausgelesnen
Zeitung greift
Ein ganzes Leben
hat gereicht
den Platz zu finden

Der Nachen

Im Nachen hockten wir,
ein paar Bündel vor den Füßen,
trieben im Brackwasser.
Ja, brackiges Wasser, das wir
probeweise aus dem Dunkel
mit den Händen schöpften,
es zu trinken ließen wir bleiben.
Ein bewegter Himmel über uns,
Wolkendünung, vom Ufer her
heulten die Hunde, je ferner
desto lauter. Das Licht der
Scheinwerfer schwenkte weg
über uns, dann tauchte der graue
Bug auf, teilte das Wasser,
den Nachen und uns.

Gerhard Jaschke

man wollte es
noch einmal
wissen. jetzt
weiss man es:
es geht nicht mehr.

Jörg Neugebauer

In der Haustür geküsst

Als sie ging
wohin auch immer
oder weshalb
haben sie sich
in der Haustür geküsst
die halboffen stand
sie wollte ja gehen
oder musste
doch schnell noch
haben sie sich
in der Haustür geküsst

Vom Sommer weiß ich nichts mehr...

Vom Sommer
weiß ich nichts mehr
den Herbst hab ich
auch schon vergessen
wer sagt mir
was das jetzt ist
Winter

Mir ist das Denken
und Fühlen
erfroren
der Frühling
fern
nichts als ein stummes
Gelächter

Rainer Reno Rebscher

Zugfunken

Sein Lächeln
trifft ihres
im Zugabteil

Ertappt
streift sie das Haar
um ihren Kosmos

Sternschnuppen
verglühen
auf einem Buch im Schoß

Seine irdischen Signale
kappt
eine Tageszeitung

Sie steigt aus
stumm unterkühlt
in den Winternebel

Blicke treffen sich
noch einmal
vor der Unterführung

Zügig
läuft sie
in das schwarze Loch

Jürgen Völkert-Marten

Vogelflug

Hunderter Flügel ruhiger Schlag,
stetig, ohne Zaudern, einer Richtung folgend
und einer dieser Vögel ist mein Leben.
Eine Umkehr? Erst im nächsten.
Jäger, Strom und Fallensteller auf der langen Reise,
Gefährten, Lieben, Glück und Kämpfe ebenso.
Die Träume werden kleiner im Verlauf des Fluges
und ankommen heißt immer: Tod.

Die tote Mutter streicheln

Wächsern.
Ja. So hatte man es
immer erzählt.
Da liegt nun die Hülle,
die mich einst gebar.
Das war durch und durch
körperlich.
Die Seele gebiert nichts Stoffliches.
Die Wange streicheln,
Hände, Arme.
Dankbarkeit.
So also. Gut, zu wissen.

Helmund Wiese

was wäre wenn

meine falten die schwermut bedeckten
ich bummeln ginge bei knappem geld
meine klinge in der esse verzunderte
ich die wahrnehmungen verwirbelte
meine schwäre im sand verglömme
ich einen dukatenscheißer erwürbe
mein großmut mich überwältigte
ich am seidenen faden baumelte
mein schatten im winde wogte
ich in ein wespennest stäche
mein wesen mich verbannte
ich den abendhauch spürte
mein unmut sich verzöge
ich die alpranke pflückte
mein leid dich verstörte
ich ein röslein bräche
mein glück dir folgte
ich ein vöglein wär
mein ich zerstöbe
…
ich nimmer war

1949

er war
zum Tod unseres Katers Zorro

gebrechlich
zerbrechlich
eigenes wesen

und nun
schwarzes
verdautes blut

erbrochen
und für immer
die krallen eingezogen

Barbara Zeizinger

1949

Nicht jedes Treibgut erreicht das Meer

für meinen Vater

Norre ist der Beste, sagst du.
Er liebte Schwimmen, Tauchen,
gehorchte aufs Wort.
Apportieren kann er bis heute!

Legst du ihm neun Jahrzehnte hin,
rennt er damit bis in die Gegenwart,
überwindet in großen Sprüngen
Gräben, Mauern und Brücken.

An einem Fluss schauten wir einmal
vorbeiziehendem Treibgut hinterher,
und ich erinnere mich an deinen Satz:
Nur manche Dinge erreichen das Meer.

Oft bist du hier und gleichzeitig abwesend.
Vieles lässt sich nicht sagen, ich weiß.
Früher ist jetzt und umgekehrt,
hier wie dort der Duft des Himmels.

Hier ist kein Meer nur dieses
Gefühl ohne Anfang und Ende.
Die geöffnete Tür, fünf Schritte
bis zur Theke. Zeitung, Zigaretten,
ungefragt. Ich zähle Münzen ab,
der Verkäufer Worte: Rückrunde.
Regen. Coffee to go im Angebot.

1949

Ein verlorener Sommer, sage ich
im Rausgehenden, den Plastikbecher
in der Hand. Heute schweigen
die Grillen, Bäume atmen Dunst.
Aus der Ebene Geräusche eines Zuges,
ich sehe jemanden aus- und mich einsteigen.
Anderswo sind wir beide fremd.

Josef Krug

Strandcafé

Terras met zeeblik
mit Stimmen, mit halb
geschlossenen Augen
met koffie en frisdranken
mit der Erinnerung an
Tage wie diesen
im Windschutz aus Glas
leichthin, im Glauben
wiederkehren zu können
wann immer wir wollten
paar Stufen hinauf
einen Korbstuhl heranziehn
und die verlassene Form
wieder ausfüllen mit uns
mit dem Gesicht in der Sonne
der auflaufenden Flut, dem Rauschen
den Strandläufern hin und her
auf dem Sand
vor den Wellen

Vergangene Wege

Immer lief auch ein Hund
neben uns her
und um die Gespräche herum
durch Jahreszeiten
und Jahre; blieb er zurück

1950

stand wieder ein junger
über dem Stöckchen wartend
dass wir es warfen
der an uns hochsprang
uns überholte, vorauslief
und wieder zurückfiel

Nun werden auch mir schon
die Zähne locker
die Hüfte knickt ein
ich bleibe am liebsten
im Warmen liegen
den Kopf auf den Pfoten
die Ohren unterm
Gespräch über mir
manchmal bewegt von
Gebell von den Rändern
vergangener Wege

Wieder

Wieder bleibt einer zurück
während du weitergehst
wie in dem Buch die Männer
das du als Kind gelesen hast:
Wettlauf zum Südpol
Schließlich stapfst du alleine
einem Punkt in der weißen
Leere entgegen

Thomas Luthardt

1950

Sind gesessen
Zum letzten Mahl
Beieinander,
Brachen das Brot
Teilten den Wein,
Wußten: Einer
Wird gehen: Verleugnet
Vorm Hahnschrei.

Einer geht seinen Weg:
Füße, wund vom schneidenden
Sand; Schweiß und Blut
Brennen die Augen
In die Knie zwingt das
Kreuz:
Ist zu tragen nicht
Allein

Da tragen wir alle
Davon einen Splitter

Erwin Messmer

Abschied

Langsam
zieht sich die Welt
aus seinem Gedächtnis
zurück
Die Wörter für sie
entfallen ihm
mitten im Satz
der stehenbleibt
und wir mit ihm
Wir bücken uns
suchen gemeinsam
aber wir finden nichts
Auch ich finde keine
Worte für ihn

Langsam werde ich
aus seinem Gedächtnis
entlassen
tropfenweise
Ein Abschied ohne Tränen

einer der lange dauert

Einfahrender Zug

Wie langsam
er einfährt
der verspätete Zug
und wie ewig
er sein Anhalten
hinauszögert
langsam und immer
langsamer bis er
endlich steht
und wie unberührt
von dieser Ankunft
er anhält
dieser abgrundtiefe
Ernst des Liebespaars
im Kuss
der nicht enden will
und wie schonend
die Zeit
die ewig laufende
sich einmischt
in diese Ewigkeit

1950

Jochen Stüsser-Simpson

Gläserner Herbst

Vor meinem Schreibtisch die Glasfassade
durchgehend aseptisch, kein Holz, kein Beton
auch ohne Steine, die Zeit hinterlässt
hier keinerlei Spuren, davor läuft tief
hängender Himmel, bläst Herbststurm, schäumt Regen
gegen die Scheibe, den Spiegel, das Fenster
ich sehe im Glas, durch das Glas mich und die Wolken
treiben und wehen, erwartend den Anruf
auf meine Bewerbung, schalte das Licht an
und gegen das Glas prallt dann die Amsel
fällt in die Tiefe, noch schweben Federn
ein Fleck bleibt am Fenster, das Telefon klingelt
und Herbst wird auch mir

Manfred Hausin

Schwein gehabt

Zum 50. Geburtstag
Zwei ganze Schweine gegrillt

Zum 70. Geburtstag
Ein Spanferkel verputzt

Zum 90. Geburtstag allein
Vor der Gemüseplatte

Schwein
Gehabt!

Mutter

Immer hat sie
Zettel geschrieben
Immer ein Wort gehabt
Für mich

Jetzt sitzt sie und
Sucht nach Worten
Für jemanden den sie
Nicht mehr erkennt

Der alte Dichter

Der alte Dichter geht zum letzten mal auf Lesung
Er sitzt ganz dünn vor einem furchtbar dicken Buch
Der Dezernent schätzt ihn und wünscht herzlich Genesung
Die Stirn tupft er mit einem schwarzen Taschentuch

Drei alte Frauen kauern auf den harten Stühlen
Ihre Gesichter sind ganz welk und fieberfahl
Zutiefst ergriffen sind sie von alten Gefühlen
Wär nur so neon nicht das kalte Licht im Saal

Bundesverdienstzäpfchen verlieh man ihm am Bande
Doch er wehrt ab und sagt: sowas ist doch fürn Arsch
Einst führten Lesereisen ihn durch alle Lande
Und die Kritiken über ihn warn selten harsch

Das Publikum ist lang schon ausgeblieben
Und Bücher von ihm kennt ja keiner mehr
Und niemand weiß noch was er einst geschrieben
Jaja das Alter ist für manchen Dichter schwer

Er schrieb verquast langweilige Novellen
Im Pfefferminzteelyrikschreiben war er groß
Ganz sicher war er keiner von den Hellen
Die Preise fielen ihm ja nur so in den Schoß

Sein Opus magnum hat weit über 1000 Seiten
Dem Leser nimmt es seine letzte Lebenskraft
Im Blocksatz tut dem Auge es Verdruß bereiten
Was eigentlich der Inhalt ganz alleine schafft

1951

Die Frauen die an seinem Weg sich bückten
Die liegen lange schon tief unter grünem Gras
Und ihre Briefe die ihn einst so sehr entzückten
Sind im Tresor vom Schillerarchiv unter Glas

Der alte Dichter geht zum letzten Mal auf Reisen
Doch niemand nimmt davon noch groß Notiz
Er will sichs einmal noch nochmal beweisen
Die nächste Lesung gibt demnächst er im Hospiz

Der alte Dichter lädt zu seiner letzten Lesung
Er liegt ganz dünn vor einem furchtbar dicken Buch
Im Zimmer riecht es leicht schon nach Verwesung
Aus jetzt – und Schluss! Nun aber ists genug…

Frank-Wolf Matthies

Ich weiß

Ich weiß, du wirst nicht wiederkommen
Und doch, solang ich leb
Hat dich der Tod nicht mitgenommen

Ich denk an dich, ich seh dich lächeln
Ich hör dein freundliches Ermahnen
Ich seh den Wind das Herbstlaub fächeln
Ich mein dein Denken zu erahnen

Gewiss, du wirst nicht wiederkommen
Und doch, solang du nah mir bist
Hat mich der Tod nicht mitgenommen

Johann Voß

die luft zum atmen
für George Floyd

in meiner atemwiege
ein und aus
lebst du schwebst du
ein und aus
bebst du webst du
ein und aus
hebst du meine seele
ein und aus
bis die luft zum atmen
ein und aus
meine kräfte nicht mehr hebt

und mein kind
ein und aus
mit dir weiterlebt

George Floyd wurde am 25. Mai 2020 in Minneapolis getötet. Ein weißer Polizist kniete so lange auf seinem Hals, bis George die Luft zum Atmen fehlte.

requiem

und da seh ich dich
unverhofft auferstanden
zwischen den versen
fällt morgenrot
aufs frühe wasser
mit den zehen zum himmel
                treibst du
                        dem offenen meer zu

ich höre dich sagen
was du immer gesagt hast
die tage verzehren sich im abschied
verzehren sich die tage

was lange bleibt
ist das haar
unverhofft auferstanden
aus den versen
eine strähne
in einem vergessenen gedicht

Klaus Anders

N.N.

Sie ging wie sie gekommen war
in Stille. Im Haus zuerst
die Fliegenplage, grün schillernde
Schmeiße, dann der Geruch.

Frühe Verse Schwulst und Bombast.
Lernte nur langsam. Doch endlich
verschwinden die Schuhe,
verschwinden die Bilder.
Die Worte werden weit.
Was in der Tiefe sich regt,
wird zu Haut. Aus Wasser
und Wind steigt Musik.

Sie näht ein Gedicht
wie Balenciaga ein Kleid:
nicht mehr Stiche als nötig.
Das Gezänk erreicht es nicht.
Es fliegt durch Feuer, unversehrt.
Als Engel kommt es, tröstet.
Wer nicht wusste wohin,
findet Ruhe und ist da.

Kurt Bott

Auferstehung

Tage spreizen die Flügel im verfliegenden Rapsgelb
das Erinnerungen hervorholt wir teilten
eine erektionsfreie Beziehung mit viel Wunderglauben
auf schiefer Ebene zeichneten sich Schlacken ab
wie Sondermüll von verzagten Nestflüchtern
Klarheit in homöopathischer Dosis
in den Falten der Nacht fiel Trauriges aus heiterem Himmel
der Verstand ist ein lausiger Spielverderber
und doch war mancher Berghang einfach zauberhaft

Meine Böschung mit den feinen Zufallsblümchen
im ansonsten schlingartigen Bewuchs
als hätte ich meine Unberechenbarkeit auf das Land projiziert
Nun ist scheinbar alles mit Krieg überzogen
wo sind die heldenmütig Beherzten

Ich liege unter schlecht gemähtem Rasen
und dem Löwenzahn
eine Bruchstelle ist greifbar in diesem kleinen Städtchen
es gibt Randgebiete Speckgürtel ofenfrische Sternchen
Luftsprünge was tun nach der Auferstehung
ich stelle mich.

Nichts war umsonst

Wir waren Verschickungskinder
ohne Murmelmeisterschaften wir spielten
König wie viel Schritte darf ich tun
ene mene mu und ab bist du
die schlechten ins Kröpfchen
vom Wachturm aus trotzte ich gern dem Regen
und den Prophezeiungen einer Sackgasse
an deren Ende ein namenloser Briefkasten stand
ein wurmartig schlüpfriges Fortgewusel die Jugend
trinken und rauchen und besiegt sein
von Salzfluten an irgendeinem Meer irgendwo
vielleicht noch leere Loipen
foul is fair and fair is foul
wer im Saft steht bleibt gewahrsam
Gott hat auch nur zwei Hände

Der Wind fährt durch mich hindurch
ich muss zu finden sein über mein Schweigen reden
es zieht durch mein Fenster rauchig und müde
und wochenendlich verschlafen ein Zwischenruf
ein Fernblick etwas was ausreist und Memoiren schreibt

Meine Tulpen kommen nächstes Jahr wieder.

Manfred Enzensperger

nur kurz hier eingefädelt

bewegen wir uns wie wäscheblau auf der leine
vom startguthaben am kindheitstisch
zum vorzimmer der intensivstation
ein neues leben ein neuer behandlungstisch
eine erste nichttragende wand
achtuhrfünfzehn
schwankender morgen
ein frisch geborener fegt sein totes laub
ich sitz in meinem brökelzimmer
und schaue in den baumlosen garten
und was da stand und was darin begraben lag
gräser in fünf verschiedenen sprachen
großvaters land der gabelbaum
das herz das aus dem aufzug fiel
engel die den fluß bespiegeln
dieselben winterlinge
dasselbe zartbedeckte dach
ach ja und abends noch die zecke in der wade

wie die köpfe der schneeglöckchen
hängen die jahreszeiten.
alle vorfahrtsschilder sind verschwunden
jemand hat sie genommen
wie der chirurg das lungenkarzinom.
regen fällt präzise die tage nehmen es genau
und der hund frisst käse in der not.
wenn es abend wird bleib ich im park allein
vertrau dem wiesenkraut dem alten baum
in seiner rede. steht da für sich. befindet.
dann die krähen über den türen des himmels

1952

Frank Norten

Die Mutter schrieb

Auf dem Hauptbahnhof in Kiew
sahen wir uns, zwei Mal,
nur für einige Stunden.
Ich reiste weiter nach Charkow,
drei Wochen später zurück nach Berlin.

Sie war ein junges Mädchen,
hiess Larissa, 16 Jahre alt,
so alt wie ich, ging noch zur Schule
und spielte Klavier.

Sie sagte zum Abschied:
„Bitte, warte auf mich!
Ich werde zu Dir kommen."

Larissas Familie hatte da schon
die Koffer gepackt
für die Ausreise nach Israel.
Die letzten Juden aus Kiew.
Ihre Mutter schrieb mir,
Larissa könne leider nicht kommen.
Das ist mehr als fünfzig Jahre her.
Ich sah sie nie wieder.

Vielleicht arbeitest Du heute
als Musiklehrerin und lebst mit
Deinen Töchtern und Enkeln
am See Genezareth.

1952

„Bitte, warte auf mich!
Ich werde zu Dir kommen",
sagte sie damals.
Larissa, ein jüdisches Mädchen,
16 Jahre alt.

Nun ist unser Leben fast vorbei. Der Hauptbahnhof in Kiew wurde
gestern von russischen
Bomben schwer getroffen.
Wie geht es Dir, Larissa?
Lebst Du noch?
Hätte ich auf Dich warten sollen?

Erich Pfefferlen

auch die baumstämme

gefällter bäume
– eng aufeinandergestapelt
gekennzeichnet –
wissen vielleicht um ihr schicksal.

genießen vielleicht deshalb die nähe
des beieinander sein
wie nie zuvor.

fühlen sie wie alle die wissen
dass sie demnächst
zur schlachtbank gefahren werden?

ist ihnen ein trost
der gedanke
an die verlorene baumkrone
die auch sie einmal besaßen?

Lutz Rathenow

Der Vater, Abschied

So werde ich ihn nie wiedersehen.
Im Zug, hinter dem Fenster, das sich nicht
öffnen lässt. Auch auf Knopfdruck nicht.
Was er nicht glaubte – bis er alles probiert hatte.
Wie auch sonst im Leben. Und alles glaubte er
dann immer noch nicht. An diesem Tag
lächelte er, hinter dem Glas. Aus der Klinik
in den Zug, erste Klasse, reserviert für ihn
und Susanne. Keine Verspätung, nach Hause
fahren, zu den vertrauten Ärzten. Er winkte
und winkte und lächelte sich hinweg.
Wir hörten uns nicht und verstanden uns doch.
Jetzt erst beginne ich meinen Vater zu lieben.
Neben dem Zug laufend, der anfährt, weg will –
losfährt, weiter, und woher wohin, ein Lächeln.

Die Kindheit

Kindheit, eine nie endende Höhle:
unter dem Tisch, alles verhangen.
Im Wald später die kleine Hütte,
fast hätten Manfred, Helmut und ich –
bilde ich mir das mit dem Feuer ein?
Der Garten, kein Verschwinden, da
muss sich schon Unkraut verstecken
vor eifrigen Blickhänden. Es schmerzt
das Stachelbeergebüsch. Kirschbäume aber,

1952

beim Ernten, je höher desto lieber da oben.
Die Kerne spritzen rings um den Baum.
Nie wieder mochte ich so die Gartenarbeit.
Balkonlangweile mit Hollywoodschaukel,
Raus aus dem Haus, schnell. Die Welt
bellt mich an.

Brecht hat Geburtstag

Ein Düsenjäger am Himmel
Fällt und fällt
Kondenzgirlanden
Schadstoffaufwirbelungen
Da spare ich die Satzzeichen
Mindestens in diesem Gedicht

Das Flugzeug sinkt weiter
Er fliegt entlang der Erdkrümmung
(Sagt mir meine Logik)
Verschwindet hinterm Hochhaus
Was weg ist könnte weg sein

Achim Raven

Alte Vögel

Picken und flattern
Kein Glanz auf den Federn
Lallen statt Zwitschern
Fallen wie tot von den Bäumen
Um zu sterben

Friedel Weise-Ney

ARBOR VITAE

unter der Rinde
die Schatten der Nächte
weben
eingeritzt in die Borke
wie in die Haut
Ängste
vergangener Zeiten
reissen Wunden auf
doch
manchmal wachsen
uns Flügel.

Michael Arenz

1954

Als Berlin mich exmatrikulierte

Ich saß schweigend
auf meinem Stammplatz
im Cafe *Salamander*,
als der Brandsatz die
Frontscheibe zertrümmerte
und der Laden in
Flammen aufging,
während ich weiter auf
der Erzählung meines
Lebens beharrte, in der
solche Unterbrechungen
des ruhigen Zeitflusses
nichts zu suchen hatten,
sich aber mein bunter
Satinschal zu kräuseln
begann und das Pils in
meinem Glas brodelte.
Komm, Benny, schrie mich
Susanne, die Barfrau, an,
die auf ihren Rollschuhen
angeflitzt kam. Sie zerrte
an meinem qualmenden
Jackett herum, bis ich
endlich aufstand, mir
noch das kochende Bier
in die Strotte schüttete,
um am Schlafittchen gepackt
und über das rauchende Parkett
hinausgeschleift zu werden,
wo schon die anderen Gäste

1954

auf dem Trottoir kauerten und weitere Molotowcocktails in unsere Richtung geworfen wurden. Was ,n los?, wollte ich wissen, aber niemand fühlte sich angesprochen. Die Schaufel, die mir jemand über den Schädel zog, sah ich noch kommen und Wochen später dann beim Aufwachen das Gesicht einer freundlichen Schwester, das sich über meines beugte und sagte *Alles wird gut!* Da horchte ich auf und nuschelte *Ach, tatsächlich?*, was sich anhörte wie *Achtschatschätschi?* Ich hatte keine Nase und keine Zähne mehr und einen tiefen Spalt mitten auf der Stirn, zwar verheilt, aber ein haptisches Erlebnis. Die Sprache hatte ich nicht verloren, sagte aber trotzdem kein Wort mehr. Besuch kam keiner in diesen Wochen, und als ich aus der Plastischen Chirurgie mit einer Steckdose aus Haut und Knochen mitten im Gesicht entlassen wurde, liefen die Leute vor mir davon, bis ich mir einen Kapuzenpulli zulegte und mir meinen versengten Schal hoch bis unter die Augen zog.

Das Cafe Salamander hatte
wieder geöffnet, war jetzt
aber ein Schicki-Micki-Treff
für die Jeunesse dorée der Stadt.
Seltsame Tausendsassas,
die ich sofort aus meiner
Erzählung hinauswarf, aber
die eigentliche Frage war doch,
ob ich selbst hier jemals
vorgekommen war.

**Eine Reise
nach Amerika**

Nachdem wir mit dem
Bestatter alles besprochen
hatten, begann er, wie
wir beide es empfanden,
mit dem gemütlichen oder
auch entspannten, dem
lockeren Teil unserer
Unterredung und sagte:
Letzte Woche war ich
in Amerika, und er
sagte es so, wie es
ein deutscher Mensch
vielleicht in den 50ern
oder 60em betont hätte,
nämlich voller Stolz
und als habe er dort
John F. Kennedy
persönlich die Hand
geschüttelt. Ich war
überall, sagte er, und es

1954

war genau wie in den
Filmen von Wim Wenders.
Aber nicht so wie in
den Romanen von
Hubert Selby, entgegnete
ich, oder?, was er aber
nicht verstand, aber ihm
nichts ausmachte, weil
er einfach nur weiterreden
wollte: über Flipper, die
Beach Boys, Clint Eastwood,
und den Mythos von
Woodstock. Wir saßen da,
und unsere Mutter lag
nebenan aufgebahrt in
diesem abgedunkelten,
parfümierten Raum, mit
gefalteten Händen.
Wir ließen ihn machen,
noch eine ganze Weile, bis
er sich und seine wundervolle
Reise in voller Länge und in
Cinemascope vor uns ausgebreitet
hatte. Beim Abschied reichten
wir uns die Hände, und er
strahlte über das ganze Gesicht.
Wir nicht. In der Kneipe
gegenüber setzten wir uns an
die Theke und tranken sofort los,
bis wir bunte Nebel sahen und
die in uns hineingeknitterten
seelischen Verwüstungen wieder
halbwegs ausgebügelt hatten.

Peter Ettl

Für einen imaginären Großvater

das gattertor lässt
einen flügel hängen
wegerich und löwenzahn
locken in den hof
auf der lehnenlosen bank
sitzt rauchlos deine pfeife
schwer leuchten wolken über
den sims der türe der keine
füße mehr erträgt
aber zwischen dem geäst
der blasenspiere finde ich
deine augen gefüllt mit
dem panorama des lebens

Anita Funck

fortgenommen

an meinem tisch
fehlt
deiner worte brot
ihr wein

ihn
der lange schon
in deiner nähe weilte
der all' deine gedankenfäden umsäumte
ihn
leugnete ich

doch spalt
um spalt
öffnete er
die letzte tür
und schloß
den kreis

verstummt
unserer schritte
gleichklang
deiner augen meeresleuchten
fortgenommen

der klang deiner stimme
dein kuß

1954

nie wieder

deiner arme trostburg
deiner hände zärtlichkeit

nie mehr

und doch
bist du mir
so nah
aber das brot
deiner worte
fehlt

Manfred Pricha

flöhe wechseln den besitzer

rund um einen flohmarkt
kein verkauf von tieren und
auch keine zirkusnummer
spontane angebote von nachlässen
oder der rest von haushaltsauflösungen
abschied von einem langen leben
in neue hände gegeben
dinge von persönlichem wert
für kleines geld wechseln den besitzer
open air oder unterm hallendach
händler einer spezies vom fach
wandel und tandel mit floh

time to say goodbye

am liebsten
mit einer arche fortflüchten
nicht das gegebene
auge um auge observieren

wie etwas verändern
nicht wollen oder können
die legende strickt
sich ihren galgen persönlich

was würdest du aufgeben
in deinem beschissenen leben
an dem du hängst
wie eine marionette

Jürgen Egyptien

Tag der Einäscherung
In memoriam W. A.

Heute wird mir ein Freund verbrannt
in Flammen steht mein Seelenland.

Die Feuerhalle ist schon zugerüstet
erst kürzlich ahnungslos besucht
so ahnungslos wie ich vor einem Vierteljahr
mit ihm im Gasthaus Rosental war
tief versunken in englischen Satzbau
und dreißig Jahre Erinnerung

Nun ist er eine Stunde im Ofen
bei mehr als tausend Grad
Ich betrachte die züngelnde Flamme
höre die leise Stimme in ihrem Knistern
sehe in ihr seine Augen blitzen

Jetzt, da ich den Dom verlasse,
ist mein Freund drei Liter Asche.

Irena Habalik

Manche Gedichte
liegen dir schwer im Magen
stinken nach Kadaver
sind lustvoll
so kitzelst du dich selbst
manche wandern mit dir im Nebel
tanzen für dich
wie die Mücken im Licht
manche haben keine Ahnung
sie rufen dich beim Namen
sind einsam wie du
und in der Tasche das Buch
manche wollen keine
Konsequenzen ziehen
nisten sich in deinem Hirn ein
für immer
Manche Verse sind pervers
wollen dich vernaschen
und kein Gedicht will
Abschied von dir nehmen

Johanna Hansen

lotterie

die jahre. in denen wir unsere erinnerungen für
souvenirs hielten. die wir aus der glückstrommel
zogen. entdeckungslust auf den lippen.
unbeschwert mäandernd. selbst wenn unsere
vorhaben aufflogen. die scharf gestellten jahre.
die sich schneebeeren durch zweige und äste
reichten. während wir lektionen lernten an einem
realen ort. zu einer realen zeit. die jahre. die so
dicht beieinanderlagen. dass ich die jahre. in
denen ich nach unten sah in einen zauberspruch.
von dem ich oben süße abtrug. bis meine nackten
sohlen wussten. wohin sie gehen wollten. fast
vergessen habe. die jahre. in denen die gletscher
zu schmelzen begannen und wir die innenwände
von wirbelstürmen ausmaßen und jeden zellkern.
das jahr. als wir damit aufhörten. einander zu
begegnen. uns fieberhaft ansteckten mit der
sicherheit eines lebens in berührungslosigkeit

Michael Hüttenberger

Umbruch

Der Abschiedslorbeer in den Vasen blüht
noch, gelber Staub bedeckt die Umzugskisten,
nichts kann den Gang der Zeit mehr überlisten,
nicht Aktionismus, nicht, wenn nichts geschieht,

wir sitzen neben Stühlen, innehaltend,
ein kleiner Tod, dann wieder neu geborn,
ich schaue in den Himmel, du nach vorn,
wo Möbelpacker, unser Schicksal waltend,

Klavier und Blumenkübel auf den Laster schieben,
ich fange an, den Müßiggang zu lieben,
du kehrst schon hinter vorgerückten Betten

den Staub zusammen, leerst ihn in die Tonne,
hier regnets, wenn wir dort sind, scheint die Sonne,
sagst du, vielleicht, ich würde nicht drauf wetten.

Herbstzeitlos

Nur einmal werd ich noch den Rasen mähen,
dann ist auch dies vorbei und weg geschafft.
Ich sitz im Garten, es ist frühlingshaft.
Die Sonne scheint auf meine nackten Zehen.

Es scheint, der späte Sommer will nicht gehen,
und doch, ich spür, das Jahr verliert an Kraft.
Es steht nicht, wie im Frühling, voll im Saft.
Und in den Bäumen sitzen schon die Krähen.

Die Zeit ist reif, ich darf noch einmal träumen.
Vereinzelt fallen Äpfel von den Bäumen.
Die Vogelbeeren leuchten lebensrot.

Doch jetzt muss ich den Platz im Garten räumen.
Will neue Diagnosen nicht versäumen.
Vielleicht bin ich im nächsten Jahr gesund.

1955

kleines Testament

für den Fall
dass es nicht gut geht

ein Selbstmordattentat
mit zehn Windmühlen
den roten Sprengstoffgürtel
sichtbar umgelegt

in einem Sarg
mit Nägeln aus Wolfram
statt sieben Meerjungfrauen
den Ring meiner Liebsten

Schuberts Heilig
blechgeblasen
verbrannt und
ein Rasenplatz

neben meinem Vater

Carmen Jaud

momentaufnahmen blickfelder wie wolken rühr mich nicht an.
was also sieht eine elster, wenn sie in den spiegel blickt und
die trauer der elefanten. wir waren noch nah an den wesen
unsere fragen tourten durch endlosschleifen. auf welchem
planeten befand sich das himmelreich? umbauten jubilate
der kompressoren installationen. geschah es nicht jedem
von uns, dass wir des landes verwiesen wurden, wenn auch
zu unterschiedlichen zeiten. die wege suchten ihre rückkehr
immer auf honigbahnen. ein abgelegenes paradies, das wir
auf später verschoben. immer war die zeit erst halb verzehrt
schlüpfrig in unseren händen. was ich mir hatte träumen lassen,
war nichts als ein schatten in übergröße und mit lebenslangem
bleiberecht. ich erinnere mich nicht an alles, was ich einst verlor.

Thomas Kade

Abschiedehaft

nein sie mag keinen
Abschied schickt mich fort
bevor ihr Zug kommt
gern hätte ich eine Verspätung
wie bei Fernzügen üblich
nur zehn Minuten ständen wir
nebeneinander wartend
das Gepäck zwischen uns
ein Haufen meine Hand
versuchte ihre rechte
rauchend zu erreichen
griff in Asche andere
Rückstände hielte still
den Rucksack umarmte ich
hoffte daß er ganz ausfällt
eine lange Nacht lägen wir
auf der hintersten Bahnhofsbank
an beiden Enden
Abfallkörbe halbvoll
wie unsre Köpfe
pünktlich kommt der Zug
einen Abschied nehm ich nicht
an rote Rücklichter die Augen
entzündet durch die Nacht
jetzt knipst der Kontrolleur
durch ihr Papier ich bleibe
stehen unter der Uhr
sie steht auf

Abschneiden

der Haare mit Zwanzig
sitz ich mit freiem
Oberkörper fröstle
höre die Schere
scharf klappern
höre wie Haare
durchtrennt werden
schulterlange Mähne
fällt als würde
mir die Haut vom Kopf
gerissen ich
halbiert ein Haufen
Abfall sanft um den Stuhl
süßer Vogel Jugend
doofer flog bevor
er abgeschossen
die Glatze allmählich
entstehend hohe Stirn
statt frei fließender
Locken brachte
das Alter ganz allein

Monika Littau

BEWEGUNG DER HAND
FÜR MUTTER

in meiner schnellen bewegung der hand
finde ich dich beim wischen des tisches
im weiß der schneeglöckchen an meiner hecke
im rankenden grün der wilden rose
und im tuch das meinen hals umschlingt
jetzt wächst man zur erde sagtest du
und meintest den himmel über dem haus
das blau über stilmus spinat und salat
ich suche ein kreuzrätselwort
das hast du vielleicht gefunden
horizontal mit fünf buchstaben
vertikal kreuzt es mein leben

ORDNUNG UND UNORDNUNG

Die Vogelkästen.
Ob sie in Schuss sind für die nächste Brut?
Ob du ihn wohl in den Wald fahren kannst?
Er findet die Kästen in bester Ordnung
und freut sich. Aber dann stürzt er
und kommt nicht mehr hoch.
Mein Gott, deine Hose.
Die Mutter entsetzt.
Der Vater zeigt sein Entsetzen nicht,
ist still, will zu Hause ins Bett, tagsüber ins Bett.
Will keinen Arzt. Will nicht ins Krankenhaus.
Will einfach schlafen.
Der Anfang einer Unordnung, so sieht er aus.

1955

Der Anfang der Unberechenbarkeit.
Denn wenn er im Bett liegt, rutscht er in schwarze Löcher,
und kommt nicht mehr raus.
Ich hoffe, ich bin ein guter Vater gewesen,
sagt er. *Ich habe mein Bestes getan.*
Jetzt ist es genug.

DAS HAUS – DAS ZUHAUSE

Eingemauert in den Wänden
die Träume von ewiger Sicherheit,
die Träume vom Familienglück.
Die Mutter hat jeden Stein
zweimal in Händen gehalten,
der Vater hat früh um vier Uhr
vor der Arbeit den Speis angerührt,
und der Großvater hat gemauert
nach dem Plan in der Hand der Mutter.
Und jede Pfanne hat sie in Eimern nach
oben gereicht.
Mit eigenen Händen gemauert
die eigenen Wände gebaut.
Die Familie war für uns immer das Wichtigste.
Der Schöpfungsmythos unserer Familie,
und die Allgegenwärtigkeit der Mauern,
zwischen denen Dinge ihren festen Platz haben.
Hier gehen wir nicht weg, sagt Mutter.
Wir bleiben hier, sagt Vater.
Manchmal will der Vater in diesem
Krankenhaus nicht mehr sein.
Ich will nach Hause, sagt er.
Weißt du, ob die Mama da ist?
Weißt Du, ob Stine da ist?
Stine, eine seiner vielen Schwestern.

Kriemhild Linda Retter

au revoir trégastel

im geöffneten fenster steigen verhalten
verse auf und nieder mischen sich
mit den morgenfarben vom meer

ich trage die lichthellen boote
an ihren ankerplatz atme
schließe die läden

spiegel im wortblick deiner augen
eine schale café au lait im stehn
den schlüssel lege ich auf einen stein

was bleibt

täglich geht sie ihren stationenweg
vorbei am kindergarten entlang am skatepark
in den scheiben der sushibar spiegelt sie sich
schwergängig bewegt sie ihr rad

symbolisch fast die abfolge der haltestellen
krankenhaus dann hauptfriedhof
die vergilbte werbung auf ihren taschen
spricht eine abschiedssprache

die flaschensammlerin stochert gräbt
es gibt keine heile welt sie packt ein lädt auf

1955

wie viele leere flaschen braucht es
für einen halbwegs erfolgreichen tag

der automat heult die münzen klimpern
was bleibt am ende des tages
sie richtet sich auf ich sehe ihre würde
im eingangsbereich des discounters

Hans Schneiderhans

1955

Es wurden Parlamente gewählt, Senate, Präsidenten.
Ein Mann überlebte die Transplantation eines Herzens,
                                          das Spenderschwein starb.
Ich reiste nach Holland.

Es wurde viel Regenwald gerodet.
Der Sommer war heiß und zu trocken, die Lebenserwartung sank.
Ich saß vor dem Kreißsaal.

Es wurden Autorennen gefahren.
Das innergalaktische Schwarze Loch wurde fotografiert
                                          und Flugzeuge stürzten ab.
Ich infizierte mich mit Corona.

Es wurde Kunst ausgestellt und Diskriminierung debattiert.
Verschiedene Nationalteams spielten um Meistertitel,
                                          der Hunga Tonga brach aus.
Ich feierte meinen Geburtstag.

Es wurde ein Kunstpreis mit Hilfe von Künstlicher Intelligenz
                                                        gewonnen.
Ein Drittel Pakistans stand unter Wasser, der operierte Mann
                                                             starb auch.
Ich ging in einen Konzertsaal.

Es wurde ein Asteroid gerammt.
Unter der Sonne hielten sich über acht Milliarden Menschen auf.
Ich kaufte einen Schal

Es wurde geschossen, gestorben, noch immer,
noch immer
herrscht Krieg.

Christiane Schulz

Vergessen

Mein Heimatort ist mir
abhanden gekommen das alte Schulhaus
in meinem Bewusstsein ein leerstehender Bau
ohne Namen und Gesichter die ganze Stadt
ist mir fremd geworden so groß und
überbaut mein Spielplatz meine Verstecke
mein Gedächtnis gibt kaum etwas her
die Bibliothek erahne ich zwar
die Bücher jedoch die ich dort lieh
sind verschwunden in mir
als hätte ich sie nie geliebt die Elternwohnung
ist längst von anderen Menschen bewohnt
nur die Zimmer kann ich noch nachzeichnen
in Gedanken an meine Großeltern
erwacht mein Erinnern bringt mir
Stricken bei und Kuchenbacken
legt mir den Geschmack
von Kartoffelpuffern auf die Zunge
lässt den Geruch von Holzspänen
aus Großvaters Werkstatt aufsteigen
und manchmal geht meine Großmutter
hinter mir vorüber ihre Hand
berührt stützend meinen Rücken
aber sonst bin ich weit fortgezogen

Langer Abend

Wir mussten alles Hab und Gut
und ihren Lebensraum zusammenfalten
auf das Nötigste ihre Sehkraft
hat sich ein Stück weit nach innen gekehrt
zu den Reisen die gewesen sind
die noch kommen sollten und sie geht ihr
schrittweise hinterher meine Mutter
hat noch weltweit fahrende Ziele
und kann keine Ruhe finden
in ihrem schmalen Körper der Atem
reicht kaum von einem Ende
zum anderen in der gefalteten Schachtel
ist sie von Bildern umstellt
wenn wir sie besuchen
sind wir zu viel

1955 Max-Josef Schuster

exit
          für G.M.

als ich so dasaß
in dieser gut beheizten
trauerhalle
vor deinem sarg

– meine tränen wollten
immer noch nicht raus
an die frische luft –

als ich so dasaß
und dein foto betrachtete

da dachte ich
dein wunderbares lachen
passt nicht
zu diesem schwarzen rahmen

dein wunderbares lachen
im herzen immer noch punk
und immer neugierig
auf das was noch kommt

ich denke mir
WAS FÜR EINE FRECHHEIT
dass du abgeholt wurdest
unwiederbringlich
zur unzeit viel zu früh

WAS FÜR EINE FRECHHEIT
deinem großen lachen gegenüber

1955

----

wie es wohl war
als du am ausgang
dem großen zerstörer
begegnet bist?

– ich bin mir sicher
du hast nicht
gewinselt –

vielleicht hast du ja
einfach nur gelacht
*ach kollege: lass mich
durch!*

Siegfried Völlger

der platz ist gefunden
ein tal, felswände links und rechts
breiter als eine schlucht

würde man solche wörter noch benutzen
könnte man sagen: lieblich

gemischter wald anfangs
aber es geht stetig bergauf

die bäume werden kleiner
die laubbäume weniger

stunden braucht es
bis ins gebiet der latschen

der weg zwingt überflüssige gedanken fort
kurz oberhalb der baumgrenze
zweigt ein spalt nach rechts, zufällig entdeckt
weil ein geräusch seinerzeit neugierig gemacht hat

nach einigen metern ein platz, fast kreisrund
hierher gehen wir um zu trauern, den verlust bedauern
manche weinen, manche bleiben

Theo Breuer

1956

Ich habe das alles gesehen erlebt
Paul Hubrich

nur alter kaffee

kaum leer ... dehnt sich --- weit --- der hof
derweil platzt unvermutet die vase
bald machen sich noch mehr lachen breit
bären leiden : leiden schwer
brüllen wild nach dicken beeren
kalt klimmt (und schwatzt) der fuhrmann
in den grellwachen schaltertraum
mit doch sehr gemeßner miene
schneiden sich schamlos die meister
schnell verschwimmt die spur
vom bild der schicken undine
flattert ginstrer falter $_{im\,zwie...spalt}$ $^{be{:}geistert}$ davon

Reinhard Kiefer

TANZEND HABEN SIE die siedlung verlassen
sie folgten dem spielmann
der ging zum berg sie betraten
die höhle an ihren wänden die
stiere die galerie jagdbarer tiere
wir sahen sonne und mond und
verschwanden für immer

Eva Beylich

Sterbefasten

Es war so Absicht,
doch dein Abschied
reißt Löcher und Lücken.
Es beginnt die Suche
nach Erinnerungsstücken.

Mach dich bereit

Wenn etwas bleibt,
was früher ging,
Wenn etwas kommt,
was nicht mehr geht,
Wenn etwas schrumpft,
was früher wuchs,
Wenn etwas wächst,
was du nicht willst,
Wenn Leute sterben,
die du überlebst,
dann ist es so weit.
Mach dich bereit.

Marlies Blauth

Nachsaison

in die leeren Fächer des Schranks
habe ich Muscheln gelegt
fädige Wesen
staubigen Kalk

mein Koffer ist ein Gebirge
ich drücke die farbigen Falten flach
auf zwei Pullover
ziehe ich blass meinen Schal

ich fliehe
durch Salz und Sturm
am Fahnenmast klingeln
die Ösen an ihren Seilen

die Läden sind lange dicht
vertäut und verschlossen
vom Strandstreifen wehen
schüttere Gräser an Land

mein Gepäck rollt und knirscht
über sandige Wege
drei Menschen warten
aufs letzte Schiff

Glashäuser

als ich an ihnen baute
legte die Sonne ihr Seidenlicht
über innere Gärten

früh am Morgen sammelte ich
die Farben der Knospen
Fruchtstände wuchsen mir in die Hand –

dann kam die Sturmzeit:
gleißende Kräfte Zittergesänge
von gläsernen Wänden

ich warf alte Mäntel über Spalten
und Risse fugte ich aus
alles war spröde zerbrach

in schutzloser Transparenz
wurde mein Lachen zu Staub
ich suche ein Felsenhaus

Abschiednehmen

für mich war es immer noch Sommer –
in den Rosengärten wehten
bunte Kleider
rötlich gezeichnete Wolken
standen über der Stadt

ich übersah die Zacken in deiner Sprache
metallene Spitzen und Fieberkurven
zu deuten fiel schwer –
von ferne das Abendläuten
fröhliche Farbigkeit überall

1957

1957 Birgit Bodden

Abschied

Ich sehe dich,
durch deinen Garten gehen,
unter dem Wildkirschenbaum stehen,
die weißen Blüten rieseln mit dem Wind.
rinnen durch die rauen Hände.

Ob das Frühjahr noch
den Duft des Flieders verspricht,
der weiß und lila in den Himmel steigt,
den süßlich stechenden Wäschegeruch
des Weißdorn faltet und in die Schränke legt?

Im Garten meiner Mutter
hat sich der Schlafmohn ausgesät,
manchmal rascheln die welken Kapseln,
dringt der Samen in jeden Winkel.

Im leeren Haus allein das Bett,
das sie hütet, lilienweiß
wie einen Augapfel,
der in seiner Höhle ruht,
in der sich Tag und Nacht begegnen.

Wenn sie die Augen schließt,
hört sie das Rauschen des Wassers,
das vom Fernseher aus

durch ihr Haus fließt,
das Bett fortträgt.

1957

In Tagen mit schwindendem Licht
verweilt das Leuchten in deinem Zimmer.
Eine Rosenblüte füllt den Raum
mit Garten und Rosa und blassem Gelb.
Ihr Duft dehnt sich.
Alles wird Zeichen, wird Bildnis, wird weit.
Die zum Ende geschärften Sinne hören
wie die letzte Knospe singt, ein Lied
in deinen weißen Händen.

Ruth Forschbach

Der Besuch

Du kommst mit dem Rucksack der Zukunft
in das Haus deiner Vergangenheit, mein Kind
während ich
in Erinnerungen
wie in einen behaglichen Pantoffel
schlüpfe
auf den Rändern der Zeiten balanciere
schnürst du
dein Tausend-Möglichkeiten-Bündel
wenn du dann gegangen bist
zurück in deine eigene Welt
spüre ich den Verlust nicht sofort
sprungbereit
auf den richtigen Moment wartend
vor der Brottheke stehend
überfällt er mich und fragt:
„Wo sind die Jahre hingegangen
und in welcher Gestalt begegnen sie dir wieder?"

Caritas Führer

1957

Abschied an einem Sommerabend

Nun habe ich alles verschenkt,
sagte die alte Nonne
mit einem freudvollen Lächeln.
Ihr Hab und Gut stand im Eingang.
Zwei Reisekörbe aus Weide.
Sie habe für jeden Gegenstand
einen Menschen gefunden,
der ihn gebrauchen konnte:
Das alte schwarze Damenrad.
Die Bücher und den Kochtopf.
Wäscheschrank und Plüschsessel.
Und das, sagte sie, habe ich vergessen.
Das sollte wohl hängenbleiben. Für euch.
Behände nahm sie das letzte Bild von der Tapete.
Christus, der das Gewehr zerbricht.
Flink rollten die feinen Hände
ein Zepter zum Abschied.
So saß sie auf dem Korb und wartete.
Der Schleier wie ein Rahmen um ihr stilles Gesicht.
Jemand würde sie holen. Zurück ins Kloster,
wo sie herkam wie ein Geschenk
für uns, doch nur für kurz geliehen.
Wir saßen eine kleine Zeit, ihr nah.
Vermissten sie bereits.
Als wir die Holztreppe hinabstiegen,
schlug sie ein Kreuz.
Wir spürten es deutlich, mitten im Herzen.

Für Sr. Ancilla

Jürgen Nendza

1957

VIELLEICHT
wird uns einmal gefallen
die Art, wie Ameisen
aus unserem Schatten treten.
Einmal, wenn deine Haut
nicht mehr durchblutet ist,
wird sie weiß sein
wie das Papier, auf dem ich
schreibe, auf dem du
liest, weiß und still:
Ein abgelegtes Hochzeitskleid
wird sie sein, immer schon
mit dir beschrieben,
und wenn der Umkehrpunkt
gestorben ist, das Laken
in letzter Umdrehung verharrt
unter einer Landschaft
aus Träumen,
die über uns hinwegzieht,
dann frag ich dich:
wieviel Belichtungszeit
braucht das Glück, bevor
die Augen uns schließen.

Rückseite

Meine Schrift noch auf dem leeren
Umschlag. Auf der Rückseite bin ich

zur Zeit, später, beim Eintreffen, vergangen.
So, wie diese unabwägbaren Einzelheiten,

die sich einmal gefunden hatten
zu einer Gegenwart bis über Hals,

in der wir versuchten die Gelegenheit
der Wiese: durchpflügte Laute,

auffliegender Schrei. In diesen Bildern
ließe sich weitererzählen, doch worüber

sie reden, es läßt sich nicht sagen.
Sie lösen sich auf bei genauer Betrachtung,

wie Poststempel, Anschrift und Land.

Julie Ratering

da sitzen wir gestern bei Gartenschau und
Cappuccino, reden quer durchs Themenbeet
zählen die Regentropfen von Welt und Woche

die Regierung trägt jetzt Gummistiefel
küsst Drohnen, segnet eine neue App

der Sommer ist viel zu kostbar
wir dürfen ihn nicht verlieren - ans Klima

die Dinge und ihr Reigen im Stillstand mein grüner Kugelschreiber schwebt in der Luft in einer kleinen Wolke mein Herz klopft Widerstand klopft und ich sage pst pst zum tapfer tickenden Flohmarkt-Wecker: sei leise bitte sei leise so sehr möchte ich verweilen in diesem Zauber noch ein Weilchen staunen und vorsichtig, ganz vorsichtig in die dünne Decke von den Dingen ziehen, denn: wie viel gebundene Energie steckt in der Tasse, dem Tisch, auf dem ich schreibe über Tulpen in der Vase, Bücher, CDs im Regal die russische Puppe steht still neben der kleinen Drehorgel doch schweigt ihr VOLARE neben gesammelten Muscheln von welchen Stränden in was für Jahren

Andreas Graf

1958

jecke Käzjer   (Rollef I)

wie do esu krank jewoode bes
ben ich nom Zinter Vrings jelaufe
un han e Käzje för dich anjestoche
wie do die Chemos jekräje häs
han ich och Käzjer för dich anjestoche
wie se dich opjeschnedde han
han ich widder Käzjer för dich anjestoche
un wie do em Sterve lochs
han ich noch ens e Käzje för dich anjestoche,
dat hätt dir nit vill jeholfe
jetz jon ich jede Woch op dr Kirchhoff
un steche do zwei Käzjer an, rut un wieß
dir hilf dat nit, ävver mir

verrückte Kerzchen
als du so krank geworden bist
bin ich nach St. Severin gegangen
und habe ein Kerzchen für dich angezündet
als du die Chemos bekommen hast
habe ich auch Kerzchen für die angezündet
als sie dich aufgeschnitten haben
habe ich wieder Kerzchen für dich angezündet
und als du im Sterben lagst
habe ich noch mal ein Kerzchen für die angezündet,
das hat dir nicht viel geholfen
jetzt gehe ich jede Woche zum Friedhof
und zünde da zwei Kerzchen an, rot und weiß
dir hilft das nicht, aber mir

em Jebösch   (Rollef II)

immer wenn mer zesamme am Laufe
wore bes de irjenswann irjenswo en de
Bösch jetapp för ze Drieße domols heeß
et do hätts irjensjet em Jedärms un mir
wore vill am Laufe in dressich Johr un do
häs jewaldich vill jedrisse en dä janze Zick
wo ich dann op dich jewat han un dobei
e bessje Dehnübunge jemaat un woanders
hinjeluurt nur nit en de Bösch wo do am
Drieße wors jetz wo do net ens mih atme
kanns un allt janit drieße jetz wönsch ich
mer do hätts winnichstens dinge Dönnschess
widder und ich künnt wenn ich hück spazeere
jon och ens woanders hinluure als immer
nur andorend en dat bedrissene Jebösch

im Gebüsch
immer wenn wir zusammen gelaufen
sind bist du irgendwann irgendwo ins
Gebüsch getappt um zu Scheißen damals hieß
es du hättest irgendwas am Darm und wir
sind viel gelaufen in dreißig Jahren und du
hast ziemlich viel geschissen in der ganzen Zeit
in der ich dann auf dich gewartet habe und dabei
ein bisschen Dehnübungen gemacht und woanders
hingeschaut nur nicht in das Gebüsch wo du am
Scheißen warst jetzt wo du nicht mal mehr atmen
kannst und schon gar nicht scheißen jetzt wünschte ich
mir du hättest wenigstens deinen Dünnschiss
wieder und ich könnte wenn ich heute spazieren
gehe auch mal woanders hinschauen als immer
nur andauernd in das beschissene Gebüsch

Ilse Kilic

vom „auf wiedersehen" sagen

ich kann oft nur
zögernd
„auf wiedersehen" sagen
als wäre „auf wiedersehen"
ein versprechen, dass es
ein wiedersehen geben würde,

als fürchtete ich mich,
etwas zu versprechen,
von dem ich nicht weiß,
ob ich es einhalten kann.
und das weiß man ja nie.
wenn man „auf wiedersehen" sagt.

weil es mir schwer fällt,
„auf wiedersehen" zu sagen,
bleibe ich am biertisch oft
sehr lange sitzen. ich gehe nicht
als letzte, aber sehr spät, dann,
wenn die sperrstunde anbricht,

da haben schon viele andere
„auf wiedersehen" gesagt,
manche sogar „bis bald"
oder „bis zum nächsten mal".
ich beneidete sie, als wüssten sie
mehr als ich von der zukunft.

1958

ich sage gern ciao,
oder bahbah, was in etwa bye bye heißt.
aber manchmal, vielleicht gedankenlos,
vielleicht auch aus trotz,
posaune ichs raus, beim bäcker zum beispiel
oder bei meiner ärztin: auf wiedersehen,

das klingt ganz gut,
fast so, als könnte ich die zukunft beschwören
auf dass es sie gäbe mit mir und für mich.
auf wiedersehen ist ja auch nur ein gruß und ein wunsch,
fromm oder nicht, grundsätzlich
jedenfalls möglich. ich irre mich nicht.

auf wiedersehen!

Michal Lohr

1958

Salamanderlied

Kurz nachdem du mir sagtest,
unsere Straßen zusammen seien alle am Ende,
war ich zu Fuß auf der Chaussee
in meinem Tal unterwegs.

Blaugrüner Wind in den Buchen.
Schwer lag die Leichtigkeit der Gräser
auf mir, und im Asphalt außer dem Tau
das neueste Kunstwerk, frisch und anonym

von einem Reifen in den Teer gedruckt:
Der Salamander. Leuchtend gelb.
Leuchtend schwarz. Und im Tod noch
schöner als alle Straßen der Welt.

Den Vater gehen sehn

Furchtbar den Vater
so gehen zu sehen

der nicht gehn will
von uns und von uns

dennoch geht ohne sich je
zu rühren vom Fleck

denn vergessen hat er ja

1958

was Gehen heißt auch

ganz und gar sonst
ginge er schließlich nicht

erschreckt weg von allem,
was ihm einmal lieb

war sonst könnte er doch
einfach Stopp sagen

zu seinem Bett
und den Menschen davor

wer sind wir überhaupt
für ihn jedes Mal

wenn wir kommen
ist das einen Schritt weiter

gegangen in ihm immer
weiter und weit von uns

weg Stück für Stück und
zurück durch alle Sätze

jemals gesprochen
in ein Nichtsmehr

nur weg
nur weg in ein

Garnichtsmehr

Michael Wildenhain

Das Flüstern der Fledermäuse

Die Zeit der Stille sie kam unverhofft
und wie so oft schien keiner den Gewinn
kosten zu wollen keiner ihren Sinn
kennen zu können als die Kraftfahrzeuge
die Menschen aus dem Straßenbild verschwanden
abhandenkamen hinter festen Mauern
verharrten und den Kopf daran den Nacken
zwischen die Schultern zogen um die Zeit
die nicht vergehen durfte zu verschnüren
zu packen fortzutragen in die helle Welt
die just verweht
vom Wirklichen gestellt nicht mehr die unsre war
weil Allmacht und Gelingen
eng eingepfercht von Siechtum Tod und Ringen
um Atem uns den atemlosen Menschen
verloren gingen so das Fühlen in der Stille
kein Wille hob den Fordernden empor
die leeren Tage kommen unverhofft
und wie so oft kann niemand den Gewinn
kosten und keiner ihre Fülle ihren Sinn

Matthias Zwarg

Schlechtere Welt

Wir haben so sehr für eine schlechtere Welt gekämpft
Wir haben immer wieder unsere Hoffnungen gedämpft
Wir haben die Idioten einfach gewähren lassen
Und waren so tolerant, sie nicht einmal dafür zu hassen.

Wir haben uns im Zweifel lieber zurückgezogen
Sind vor der Sackgasse noch nach halbrechts abgebogen
Wir haben auf das neueste Navigationsgerät vertraut
Und abends nicht mehr in den Spiegel geschaut.

Wir haben gar nichts anderes mehr zugelassen
Mit beiden Händen war das Glück auch nicht zu fassen
An unseren Zweifeln zu zweifeln – das wäre schon Mut
Doch am Schluss war nicht mal das Ende gut.

Nichts als Verzweiflung kann uns nun noch retten
Sonne, Mond und Sterne in rostigen Regentonnen
Wir haben so sehr für eine schlechtere Welt gekämpft
Und haben den Kampf schließlich sogar gewonnen.

Wenn ich schon sterben muss

Wenn ich schon sterben muss
Will ich in deinen Armen sterben
Deine Wärme spüren und nur dich denken
Wenn ich schon sterben muss
Will ich in deiner Nähe liegen

Noch einen Atemzug an dich verschenken

1958

Du sollst an diesem Tag nicht weinen
Und unsere Kinder sollen fröhlich spielen gehen
Und zehn Minuten länger draußen bleiben
Auf unserm Tisch sollen vier Tassen stehen

Wie immer sollst du dich der Welt zuwenden
Und lächeln, so, als ob sie noch zu retten wär
Sollst Dinge tun und lassen, dich verschwenden
Und ich wär bei dir, sehr viel mehr als sehr.

Wenn ich schon sterben muss
Will ich in deiner Nähe liegen
Noch denken, wie es wird und wie es war
Wenn ich schon sterben muss
Will ich in deinen Armen sterben
So wie wir lebten Jahr um Jahr.

Wie immer würd ich dir vertrauen
Und wissen, dass du auch jetzt bei mir bist
Meinen letzten Stein, den würdest du verbauen
Bis das Haus irgendwann ganz fertig ist.

Wenn ich schon sterben muss
Will ich in deinen Armen sterben
Es bliebe uns gar keine andre Wahl

Wenn ich schon sterben muss
Dann würd ich in dir weiterleben
Denn auch ein letztes ist ein erstes Mal.

1959 Michael Kohtes

Blick aus einem Moskauer Hotelfenster

Der Nachtregen fällt
wie in einem traurigen Liebesfilm
der in einem galizischen Grenzdorf spielt
und bei dem man sich plötzlich
an eine Straße in Paris erinnert,
wo ein Mädchen aus dem Haus
durch das Züngeln der Lichter läuft
vorbei an den Augen der Menge
in ein Taxi steigt
und spurlos davonfährt
wie aus einem traurigen Liebesfilm,
in dem es unaufhörlich regnet...

Letzte Verse

Mir wiegt das Herz wie ein Sack Teer so schwer
Ohne Aussicht auf Geschlechtsverkehr
Vom Himmel weht der Duft nach deinen Haaren
Als Gegenzauber lass ich einen fahren
Nächtens in den Kissen will dein Mund mich küssen
Wie's mir geht? Mit einem Wort beschissen
Ich kratze an den Wänden der Welt entlang
Und taumle Richtung Notausgang
Dieser Paarreim, Darling, könnte dir gefallen
Ich verschwinde, mit Revolverknallen

Max Sessner

Begegnung

Wir sprachen über alles Mögliche
über Dichter die wir einmal kannten
darüber wie teuer alles geworden sei
und dass die Katze einer Bekannten
verschwand schon seit Tagen gab es
keinen Beweis mehr ihrer Existenz nur

in ihren Träumen erschien sie oft
aber immer so als gehöre sie jemand
anderem ein schwacher Trost wie wir
fanden und dir fiel die Geschichte
eines Freundes ein zu kompliziert um
sie zu erzählen so ging es hin und her

rätselhaft war dieses Beieinanderstehen
zufällig und vergeblich bis dann hörte
ich mich am Ende sagen ja bis dann und
wir gingen unserer Wege und ich weiß
dass ich dachte und warum auch immer:
die letzte Fahrt mit der Kutsche gehört dir

Gerüche

Hat Dunkelheit nicht einen
seltsamen Geruch frage ich
mich und frage auch dich wie
wir so durch die Nacht gehen
und du die du klüger bist als
ich sagst Dunkelheit riecht
wie das Licht das aus den
Fenstern ringsum auf uns
fällt und dieses Licht riecht

nach nichts was also ist dein
Problem gestern war noch
alles in Ordnung mit dir
und wir wollten für immer
zusammensein aber heute
mein Freund will ich mich
von dir verabschieden am
besten gleich hier dir fehlen
die Worte ich weiß bin ich

ein Schwein sag schon
dort kommt die Straßenbahn
versuch nicht mich zu halten
vielleicht winke ich noch aus
einem der Fenster leb wohl ach
ja die Dunkelheit ab jetzt ist sie
eine andere gut möglich
dass sie wirklich riecht nach
was das überlasse ich nun dir

Michael Kurzer

VIS-À-VIS

Manchmal kommst du dir entgegen,
an Orten, die du im Abstand vieler Jahre
immer wieder und fast absichtslos besuchst.

Auf der Flucht zu einem nächsten Ziel,
das chimärenhaft genauso schnell verschwand
wie ein neues Wunschbild von dir auferstand.

Schemen, Schatten und erinnerte Gelegenheiten,
die du meinst versäumt zu haben,
du dich schon ein halbes Leben lang verfluchst.

Fadenspiele, Stolpersteine, Maskeraden,
die als Zugang, Abgang und meist sehr verlegen,
du jetzt ausgeglichen in der Bilanz verbuchst.

Elke Böhm

Gebo(r)genheit

es bog eine beige Geige
ihre Sehne zur bitteren Neige
das war ziemlich grob
und letztendlich flog
die Sehne entzwei
und sagte good bye

Postkarte an
Herrn Selbstmord
Todesweg 2
Land der eigenen Entscheidung

Lieber Selbstmord,
ich hätte nie gedacht,
dass ich Dich nicht vermisse,
aber hier in Leben
fühle ich mich sauwohl.
Bleibe noch ein bisschen!

Herzlichst Deine Elke

Nach der Trennung

wir fuhren zusammen nach Hause
und schwiegen die ganze Fahrt
und zum ersten Mal lächelte ich nicht
mein Immer-freundlich-Lächeln
unterbrach nicht angstvoll das Schweigen
mit Hauptsache-reden-Floskeln –
wir hatten uns nichts mehr zu sagen

Kleines Liebesgedicht

hör nie auf
hör nie auf mich
hör nie auf mich zu lieben

hör nicht auf
hör nicht auf mich

ich hör ja schon auf

Uwe Claus

Tanz der Libelle

Beim Entkleiden
im Alter

der Versuch das Gleichgewicht
zu halten.

Licht fällt

von Bäumen,
vergilbt. Über den Wurzeln
schichten Geschichten sich.

Wind
raschelt uns was

Veronique Dehimi

Das Haus ist still geworden

in ihrem Kopf unsäglicher Lärm
Jeden Abend betet sie
Lass mich nicht mehr aufwachen
und schlägt sie doch die Augen auf
am Morgen
so setzt sie sich willig hin in ihren Sessel
am Käfig und spricht mit ihrem Vogel

Das Radio schweigt
der Fernseher ist blind

Sie lauscht in sich hinein
singt die alten Lieder
Tag für Tag für sich allein
alle Worte alle Strophen

Lädt längst Verstorbene ein
sie reden und erzählen
sie verabschiedet sich
und schickt sie fort

Kalt ist es geworden
und voller Sorge liest sie die Zeitung noch
Wort für Wort unter der Lupe
fügt sie zusammen
Krieg an Krieg
an Krieg?

Birgit Koerdt-Bruining

Großmutters Feldbrief

wog fünfzig Gramm.
Schwere Post war nicht erlaubt Weihnachten zweiundvierzig.

Ob Du wohl eine süße Mandel magst.
So wenig kann man schicken.

Die Mandel erreichte den Onkel nie.
Wir lebten mit dem Schatten des Unzustellbaren.

Aber diese leichtgewichtige kindliche Sehnsucht
nach dem Wunder Frieden:

Sie lebt, sie ist jetzt, sie ist wahr.

Dorothée Leidig

1960

Lichtgeschwind

Einen Atemzug bevor die Erdatmosphäre kollabierte
schrieb ich ein Gedicht schrieb's mit einem Hai
zahn in die meterdicke Salzschicht der vor

maligen See noch bevor die Worte ga
nz verdunstet waren zerschmolz me
in Schutzanzug und ich hängte

mich beim letzten Semi
kolon ein wir wurden
eins und lichtgesch

wind wurd ic
h ein blank
er Vers d

as w
ar'
s

Serenade

Am Abend aber steigt sie aus dem
fahrenden Zug. Hinein in das Wetter
hinter den Dünen, wo der Tag
nur darauf wartet, dass das Meer ihn

in das letzte kleine Loch
vor der Zukunft schickt.

Wimpernschlag eines Wimpernschlags
lang die Welt anhalten. Und hinterher
hängt der Mond wie frischgewaschen
zwischen den Wolken.

Noch

Noch immer ist er da
Der Verräter
Der Unvertraute

Noch immer ist er
Der Ferne
Der Besserwisser

Noch immer ist
Der Feigling
Der Herzversager

Noch immer
Der Vermisste
Der Vater

Noch
Immer war ich
Nicht an seinem Grab

Christoph Leisten

1960

mnemosyne

etwas ist verschwunden, heute
morgen, im vorübergehen

dieser häuserzeile. erinnerungen
flimmern auf, schritte und dielen,

gewundene stiegen, ein rausch
in der luft. wie war noch das knarzen

im holz, der schmerz im rücken-
wirbel am morgen danach? in luft

gelöst, gerissen, gelöscht die gravur
jener tür, die, wenn's uns nicht täuscht,

von uns erzählte. von rückkehr
sprachen wir nicht. doch etwas ist,

das bleibt, das ist der andere schmerz.

abgespiegelte wahrheit

diese geschichte ist auserzählt.
zu viele wiederholungen, endlos-

schleifen, verlorene fäden. narrative
zuhauf, aber niemand, der das gelächter

der götter verstand. am ende
legten die chargen ihre masken ab,

kam immer krieg. auch die quoten
sanken in den keller. ein paar online-

kommentare noch, dann wird
auch diese funktion geschlossen.

was bleibt

diverse angebrochene flakons, die zigaretten-
reste im ascher, unvollendete zeilen,
flüchtige notizen, aus geliebten büchern

die wendungen, die nicht aus dem kopf gehen
wollen, die spur deiner lippen am rande
des glases, zerbröselndes gestern

in deinem jackett, die versiegelte
nacht, stimmen verschiedener auf
deiner mailbox, oder, im kopf, das flackern

der nachttischlampe, bis sie erlischt.

Britta Lübbers

1960

Nighthawks

Das Grün aus den Chevrolets
Die an der Greenwich Avenue parken
Und das Blau, das er sich aus dem Nachtcafé borgte
In Arles. Das Eichhörnchenbraun

In den Haaren der Frau und ihr Kleid
Als hätte sie in Bloody Mary gebadet
Sie zahlt ihren Drink selber
Niemand kennt ihren Begleiter

Und keiner wird dieses Diner je finden
Mit der Neonreklame Phillies
Wo Marlowe mit dem Rücken zum Publikum
In einer Stunde zwanzig Marlboro inhaliert

Doch nirgends ist Rauch und er wartet
Ohne Mantel auf Mabel oder Laureen Bacall
Der Kellner liebt den Autolackschimmer
Von Männerpupillen, die Anmut der Kaffeemaschine

Schwer wie der Auspuff einer Stretch-Limousine
Ihr Möwensilber ein Flügelschlag über Long Island
Er mag die schweigenden Gäste zu späterer Stunde
Und dass sie nie ein Geheimnis verraten

Die Kappe trägt er seitlich wie sein Bruder Bobby
Die Army-Mütze
Sie liegt in seinem Kleiderschrank in Brooklyn
Unter dem Brief aus Pearl Harbour

Wildgänse

Sie kamen vom Meer
Ein perfektes Victory-Zeichen
Das gestreckte V
War die Geste von Siegern

Sie hatten Kwas im Gefieder
Den Sand sibirischer Steppen
Sie konnten akzentfreies Slawisch
Sie spielten die Polka-Trompete

Scharf wie Papier
Warn ihre Schwingen
Zerschnitten dem Morgen
Das Tischtuch

Kein Startwerk hat ihren Auftrieb
Kein Jetset die Eleganz
Je höher sie zogen
Desto zarter wurde der Umriss

Viele sind sie gewesen
Viele formten ein Ganzes
Das fiel, wieder aufstieg
Als sie sich landwärts verzweigten

Erinnerung flog mit
An den Sperrholzvogel im Herbst
Den du losließt
Der mit dem lachenden Mund

Àxel Sanjosé

1960

Beim Abdrehen der Friedhofshähne

Wenn ich die bunten Blumen seh
am frisch aufgeschütteten Grabe,
aber im Weitergehn schon längst
    die Lider wieder schließe,

leer hier dem Augenblick nachspüre,
der rauschend die Farben verwässert,
trotzdem das Gelb der Bäume denkend,
    und Töne wehn von der Kapelle,

halte ich inne, ob am Zaun,
wohinter jetzt Fußball gespielt wird,
Tropfen auf letzte Beeren fallen,
    die Spinnen weiter ihre Netze weben.

Zum Abschied hell,
ein Rinnsal quillt so leis davon,
davon heißt jemals und nicht ich,
was sickert hier, was sickert

von irgendher, von draußen rein,
das Land so leck, die Zunge gelb,
was endet hier nicht Fisch nicht Reh,
was brennt die Naht im Fell.

Der Einsilb kommt mit falber Pracht,
dem immer nur das Letzte war.
Wir stummen leis das erste Lied,
wer sind wir hier

Walle Sayer

Trauerweide am Neckar

Gebeugt
über dich selbst,

ein Herbsttag
dümpelt vor sich hin,

die Kinderhand
wiegt Ufersteine,

Strömungslehre
davontreibender Blätter, Äste,

ein fernes Schwanenweiß,
zerbrechendes Wasser,

Wasserscherben, sie
zusammensetzen,

Wellenkreise, ungerahmt
Verschwommenes,

die davontreibenden
Blätter, Äste,

dies Gebeugtsein
über sich selbst.

Den alten Kater begraben

Am Waldrand,
unterhalb der Ottilienkapelle,
hab ich dies Erdloch ausgehoben,
Wurzelwerk mit dem Spaten durchtrennt.

So liegst du denn hier,
hinter ehemaligen Reviergrenzen,
unterm festgetretenen Boden
in deine Platzdecke gehüllt.

Ein vermooster Baumstumpf
hat sich die Stelle gemerkt.

Über dir hinterlässt ein Reh sein Trittsiegel,
fiepen nachts ein paar Feldmäuse frech,
summen die Wipfel.

In der verstörten Wohnung indes
schweigt das Lärmungeheuer des Staubsaugers,
wartet die verwaiste Milchschale auf dich,
läuft deine Abwesenheit ruhelos umher,
schläft überall dein eingerolltes Fehlen,
schnurrt keine Stille mehr.

Olaf Velte

Totes Lamm

wie sie fallen die Lämmer
bei Nacht bei Tag ins
zertanzte Stroh und atmen

eines steht nicht und
sucht das Euter nicht und
stirbt gleich wieder

da leg ich's hinaus
beim Zaun ins Lager
aus Schnee

wie schlafend in sich
gerollt gegen die Nacht
das Fuchsmaul

die Äcker meines Vaters

mein Vater wurde im Monat
der Sense geboren
schau dir seine Narben
an

vier Winde haben seine
Äcker gekämmt

da stehe ich eines Tages
auf einem Feldweg

und sehe seine Kühe
rotbunt und herrlich
den Pflug einen Schlussstrich
ziehen

Jutta v. Ochsenstein

verlassen

an verhärteten Mauern brechen
Wellen, Boote, wortbrüchig
endet hier Hoffnung

wisch dir das Salz vom Gesicht
gestrandet gehst du auf Sand, abgerissen
auf dem Meer: nichts

zwischen Lippen trocknen Schwimmhäute
kein Sprechen, nur Weitenschwindel
nachts: die Gewalt des Rauschens

morgens:
Totenstille

Schweigen blättert auf

ein alter Mann, die Haut gefurcht
hackt im Frühjahr sein leeres Beet
lang schon verweht sind seine Worte
über den Holzzaun lächeln wir
im Vorrübergehen:
ein gemeinsamer Herzschlag

Harald Dern

Sein und Zeit

Ein letzter Blick
kommt unausweichlich.
Ein Gedanke mag ihm folgen,
doch irgendwann auch hier der letzte.

Dann bliebe mangels Zeugen
nur noch die Zeit.
Die mag Geheimnisse bergen,
nach denen jedoch
keiner fragt.

Wir waren wirklich?

September 2001

So gesehen waren es zwei drei
Akkorde, Fetzen einer Melodie
die der Wind weitertreibt.

Oder das Flackern eines Kerzenlichtes
das den Blick freigibt
auf den Stillstand der Zeit

Silhouetten kommen und gehen
und die Stadt steigt
aus Trümmern aufs neue auf…

Archäologen werden einst
darunter vielleicht
unsere Namen lesen.

Patricia Falkenburg

Abschied.

Ein Vogel vorm Fenster
Glockenschlag am Kirchturm.

Die Geräusche
Sind so groß geworden
In der leergeräumten Wohnung
Erinnern noch die Wände
Die Bilder im Staub
Steht noch ein Stuhl

Läden schließen
Letzter Blick
Den Schlüssel im Schloss drehen
Den Briefkasten
Seinen Einsamkeiten überlassen.

Vorm Fenster singt ein Vogel

Kein Ende.

Ich habe ihnen gesagt,
Dass sie
Ohne mich auskommen
Müssen.

Dem Garten, den ich hegte,
Habe ich gesagt, dass er
Ohne meine Hände
Wird auskommen müssen.

Den Tanzschuhen mit den
Sanften Sohlen und den
Feinglitzernden Riemchen
Habe ich gesagt, dass sie
Keine Verwendung mehr
Für mich haben.

Habe den alten, von der Mutter
Überkommenen, den geretteten Noten gesagt,
Dass sie nicht mehr auf mich
Zählen können. Den Deckel des Flügels
Habe ich geschlossen. Er wird nun
Ohne mich auskommen.

Warum nur hören sie
Nicht auf,
Zu rufen. Nach mir,
Immer noch,
Rufen

1961

Sabine Göttel

abschied 1940

der letzte blick gilt haus und zaun. und auch
dem dach das viele stürme hielt. vielleicht
hat es den treck ja noch gesehn der einst
aus hungergegenden hier eine zuflucht fand.
vielleicht ist es noch jung und setzt dem
jüngsten beben seine kraft entgegen.
jetzt stehn sie hier und morgen gehn sie fort.
und finden nie mehr ein zuhaus. und bald ist
winter und die bäume bleiben lange ohne
blatt. das rosen gärtchen hinter den staketen wird
verwaisen. vielleicht wird es die wurzeln wahren
und von fremden worten sanft besprochen
sein. die junge mutter steht der greisin näher
als dem kind. sie hält den jüngsten an der hand
und er das hündchen das ihm nachläuft bis es
stirbt. die köpfe sind geschoren für die fahrt. der
große bruder hält sich aufrecht wie sein vater. statt
grobem anzug trüg er lieber eine uniform.
der rattenfänger ruft und alle folgen. in vielen
sprachen sagen sie auf wiedersehn. und nur in
einer stocken sie und schweigen dann für immer.
mein fensterschatten teilt das bild in dunkelhell.
ich seh die füße besser als die mienen und
lese aus den eltern grimmige entschlossenheit.
und kindvertraun beim brüderpaar. das haus der
ahnen hatte viele fenster. ihr neues haus ist grau.
kennt kaum ein wort für trauer und hat keine tür.

testament

gestern schriebst du mir mein testament
in bälde darf ich über wassern schweben
und meinen blinden fleck den hasen geben
wer ist das der sich demnächst nach mir nennt?
mit hiob brauch ich endlich nicht mehr sprechen
ans anmichhalten ist nicht mehr zu denken
schwimmen kann ich zwischen wirtshausbänken
und wenn ich lustig bin darf ich mit engeln zechen
wir wollen fort wir gehen in ein andres land
denn gestern schriebst du mir mein testament
doch wehe wenn ich dir das deine schreibe
wo bist du dann? wer führt mir dann die hand?

verlust

im bett liegt klein
mein ungeborener großvater
herausgeschnitten
weggeweint
baumelt mir ums herz
klopft gegen die stirn
will herein und heraus
blutet zum himmel
fährt mich im kinderwagen spazieren
lässt mich tiefgemauert in der erden singen
setzt mich auf warme pferderücken
ich bin sein blaues loch im fuß
mein kind humpelt mir davon!
ich habe ihm nicht wiedersehn gesagt
ich habe es unter der lampe liegen lassen
ich habe es nicht gut gekühlt aufbewahrt
ich habe es auf strümpfen zu den engeln geschickt

Anton G. Leitner

Wos kummd

D' Lisdn
Vo dene, de
Nimma do san,
Wead oiwei no
Länga und länga
Und länga und länga und länga,

Bisd am End säiwa
Draufschdeesd.

Was kommt

Die Liste
Mit den Namen derer, die
Nicht mehr da sind,
Wird immer noch
Länger und länger
Und länger und länger und länger,

Bis am Ende dein eigener
Name draufsteht.

Schnee, Mann

Das Erleben von heute
Ist die Erinnerung

Von morgen. Morgen
Fällt Schnee. Über

Morgen schmilzt
Er. In ihren

Armen.

Der Tod reißt
uns dann und
wann aus
dem Schlaf. Mit
offenen Augen
leben wir weiter.

Aber manchmal
macht es Freude,
die Luft vor
die Tür zu setzen
oder eine Liebe
in den Kamin
zu schreiben.

Man freundet sich an
mit dem Nichts –
in blinder
Erwartung.

Madjid Mohit

Manchmal habe ich Heimweh
und setze mich
in den Winkel der Vergangenheit
auf einen Regenbogen
aus drei Farben
Ich Du und der schwarze Kaffee
Ich rieche nach Narzissen ohne Dialekt
und nach dem Geruch des reimlosen Alltags
und der Kälte des Flugzeugs am Himmel
mit strahlendem Aluminium
das mich fortnehmen möchte
Manchmal bin ich traurig und froh
über das Lächeln der Stadt
mit Kandis und Lärm
der Straßenbahn
die schleicht durch halbtrockene Menschen
durch uns und das Rathaus
Manchmal liebe ich dich
weil du ohne Verb mit mir redest
und woanders hinsiehst wenn ich Goethe lese
und suchst nach Spuren meiner weißen Handschuhe
die gewaschen werden sollten
Manchmal weine ich am Fluss
meiner Kindheit und rede ohne Akzent
und du verstehst mich trotzdem
manchmal bin ich da nur so

Claudia Hummelsheim

Augenblick

Vor der Terrassentür
sitzt – ganz unerwartet –
ganz knatschgelb
deine Seele
beobachtet mich
an meinem Schreibtisch
die Hände
die Worte eintippen
aus den Bruchstücken
vergangener Tage

Sabine Speer

Steingarten

Vor frischen Gräbern wurzeln schwarze Hüte,
bedecken Köpfe, die in Gruppen weinen,
als müssten sie das Leben nass verneinen.
Das feuchte Grab verschlingt so manche Blüte.
Gesprochen wird nicht viel, nur viel geschwiegen,
das Reden kommt hernach, beim Totenschmaus,
da lernen Blutsverwandte frei zu lügen.
Um sechs geht seine Frau allein nach Haus,
den Kopf gesenkt; der muss wohl Zentner wiegen.
Sie muss ins Bett und dort für zweie liegen.

Mischgewebe

Alle, die mich je verließen,
alle, die mich von sich stießen,
die, die einst gegangen sind
und mein atemloses Kind
trage ich wie eine Narbe
durch die Zeit mit mir zu Grabe.

Jürgen Trautner

Aus dem Tagebuch der nahen Zukunft

Es waren die Jahre in denen es
Mit den Walen zu Ende ging.
Einzelne zunächst und dann
Strandauf, strandab ihre Kadaver.
Die Freude am Leben hatten sie abgeworfen und nun
Warfen sie sich selbst ans Ufer.
Nicht an abgelegene Strände.
Nicht auf unbewohnten Inseln, nein.
Mitten in den Urlaubsparadiesen und
Nahe zu Metropolen.
Liesen uns teilhaben an ihrem Sterben.

Erkenntnis

Der falsche Tag hat mich geboren
Die falsche Mutter mich verloren
Mein Vater ging falsch mit mir um
Im falschen Umfeld blieb ich dumm
Danach die falsche Profession und schon:
Bin ich am falschen Ende
Des Lebens angelangt
Hab mir nur wenig
Und anderen vieles abverlangt.
Nun höre ich zu jedem Gericht
Den Schall der Posaunen, doch weiß
Ich die Anzahl der Gänge nicht.
Ein Reiter kommt, er
Kommt allein, zeigt keinem sein Gesicht.
Ein Reiter, das weiß ich,
Der reicht fürs Ende noch nicht.

Esther Ackermann

Tochter

Ungewiss ob sie mich erkannte
In den Wochen nach der
Hirnblutung zurückgeholt
Aus einer anderen Galaxie

Nach dem allabendlichen
Besuch und Abschied
War es immer schon dunkel
Wenn ich heim kam zum Stall

So sah ich nicht
Dass meine Häsin Fee
Still erblindete
Stand ihr nicht bei

Martin Ebner

1962

blick hinaus

ein flöten spät im winter
nabelschau und selbstverhör
ein glockenspiel will klingen
dass die wörter nur so kullern

alles da! die bilder, namen
stimmen feiern party bis zur
blauen stunde schlummern
klarsichtig nach mitternacht

das wuchern mit den jahren
trägt noch zinsen – fünfzehn
netze ausgeworfen fingen
viele frische fische

Klara Hůrková

Feuer

Dein Körper ist jetzt nicht mehr
auf dieser Welt
Gestern ist er Asche geworden
dem Feuer übergeben irgendwo in der Eifel
in der schönen Gegend, wo wir oft
zusammen spazieren waren
Feuer verschlang deinen kalten Körper
Doch dein Geist bleibt Luft und Licht
über den kahlen Bäumen
am winterlichen Himmel –

Aber nein,
dir zuliebe will ich keine
logischen Fehler machen:
Selbst wusstest du am besten
dass der Geist
keinen räumlichen
Bestimmungen unterliegt
Weder Ausdehnung hat
noch messbar ist
Geist ist unabhängig von alledem

Nun bist du Geist, mein Liebster
Ich werde zwar nie wieder
deine Haut riechen
und dein Lachen hören
Aber du bist deshalb nicht
weniger bei mir

Du bist jetzt überall
frei und ohne Schmerzen
Ein reines Du
Bewusstsein

Ich zünde eine Kerze
mit Holzfeuerduft an
Holz war dein Element
So schön anzufassen
so fein und trocken und wohlriechend
Nein, ich werde deinen Körper
nicht vergessen
Ich werde unsere Nächte
unsere Liebe nicht vergessen
Da war
in deinem Körper so viel
Holzfeuerenergie
Deine Liebe zu mir

Steresis

Wie kann ich ohne dich…
Du wohnst noch in jeder Zelle
dieser Räume, dieser Möbel
dieser Bücher
meines Körpers
Mir ist, als würde ich warten
bis die schwere Zeit vergeht
und ich mich wieder
in deinen Armen entspannen kann
Mein närrisches, dummes Ich
wartet immer noch

1962

bis dieser Stress vergeht
und alles wieder gut ist
und ich bei dir bin
Ich fühle
die bedrohliche Leere
die mich verschlingen will

Steresis
Wie hast du früher
diesen Begriff belächelt –
die „anwesende Abwesenheit"
Was für einen Unsinn hat sich
der alte Aristoteles da ausgedacht

Ich kann nicht lachen
Sie rückt immer näher

Tom Pohlmann

1962

Erinnerung, postpandemisch

Beim Betrachten der Schreibmaschine
stoße ich auf ein Foto,
das im Gedächtnis noch existiert,
aber als Foto nicht mehr. In der Bildmitte
stehe ich mit dem Rücken
zum Kaninchenstall, bin
kaum größer als das Holzhäuschen
mit seinen zwei Türen,
die versehen sind mit einem Drahtgeflecht,
das an Bienenwaben erinnert.

Auf dem flachen Dach, oben links
liegt ein großes Exemplar
vom *Gelben Zentner*, dem Gartenkürbis
Cucurbita maxima, er wuchs
an seiner Ranke oder wurde dort abgelegt
mitsamt des kantigen Strunks
und den daran noch verbliebenen
Blättern und überragt mich.
Vor meinem Oberkörper halte ich
eines der flauschigen, grauen Kaninchen
in meinen Armen, gesehen

aus der Entfernung erscheint
es mir fast, als kolorierte ich den Kürbis
nach, auf dem Graustufenfoto
in seiner typischen Farbe, währenddessen
oder nur für den heutigen Tag –

1962

oder als fiele es mir noch einmal
leicht, dabei so lange und so unbeschwert
vor einer Kamera zu stehen. Dass mir die Aufnahme geblieben wäre
ohne die Erinnerung an den Moment
eines Lächelns, zu dem
keiner mich auffordern

musste, zählt nicht mit zu den Gewissheiten.
Die langen Ohren des Kaninchens
kitzelten mein Kinn, und
genau diesen Augenblick bewahrte
das Gedächtnis als Engramm auf –
eine nicht vorhersehbare, sanfte Berührung –
ein Detail. Eine Erinnerung
innerhalb der Erinnerung an den Zauber –
in dem keine Absicht lag als
die Bewegungen der Ohren eines Kaninchens
beim Entstehen einer Fotografie.

Readymade

Das Andreaskreuz, benannt nach dem Apostel
Andreas, dem Bruder vom Petrus,
    siehe unter *Burgundisches Kreuz* –

häufig zur Aussteifung verwendet

von Skelettbauten, später dem Namen nach
eingespannt von der Bahn, und verwendet
zu anderen Zwecken, als Warnkreuz.

Manchmal weist ein Exemplar auf die Existenz
einer Bahnlinie hin, die es gegeben hat

    irgendwo hier, wie etwa dieses.

Weit und breit keine Straße, kein Schotter, kein
Bahnübergang. Bis auf die rostige Schiene
in T-Form, die dem Verkehrsschild

    als Pfahl dient, gibt es kein Gleis.

Zerfressen ist selbst die Emailleschicht –
der es nicht besser ergeht als der Schiene.

    Wovor wird nur gewarnt?

Und was trägt dieses Kreuz? Fünf kurze Eisnasen,
die schillern, an den zwei unteren Armen –

von denen wohl einer bald abfällt.

1962

Ingrid Thiel

Die Übelkeit packt sie mit großen Händen, ihr Körper darin
fragil, durchsichtig, brüchig. Chinesisches Porzellan.
Ich halte ihren Kopf. Ihr Inneres
wird aus Untiefen nach außen gestoßen.
Ihre Stirn drückt Widerstand
suchend in die Innenfläche
meiner Hand. Die Luft im Halbdunkel
stickig, alt, verbraucht.
Ihre Hände kämpfen mit der Öffnung
der Plastiktüte. Ein neuer Schwall.
Ich sage:
„Atmen, atmen, atmen"
und schaue starr zur Wand
in ihrem Rücken. Familienfotos.
Die Leselampe ein Grubenlicht.
Ich atme durch den Mund,
finde keine Schutzworte für uns.
   In den Augenwinkeln Ornamente
aus Taschentüchern und er
wie er aus dem verbliebenen Stück
Fenster starrt.
   Leises weidwundes Klagen
Seine Schultern beben im Rhythmus der
Ahnung von Verlassenheit.
Ihr Atem jetzt ruhiger und tiefer.
Sie zittert. Ihre Hände
scheinen nicht mehr geeignet für die Tat.
   Ein trockener Bambusstrauch im Wind
Im Vorhof meines Herzens der Schrei eines Kindes.
Als stünde sie leibhaftig im Begriff

fortzugehen.
    Sie liegt federleicht in
den weißen Kissen, kaum ein Körperabdruck wenn sie sich aufsetzt.
Ein, von den verbindenden Telefondrähten gestürztes Vögelchen.
Das Laken, Märzschnee auf ihren Flügeln.

Überwältigt von
Vertrauen, küsse ich das kleine nackte Feld am Übergang
zwischen Nacken und Schulter alte Haut aus Pergament,
sehr dünn, trocken, nach Heimat duftend.

Hier und jetzt scheint sich eine schrankenlose Macht über mein Wesen
einzustellen.

Sie fragt: „was wird sein?"
Ich höre den Wunsch nach namenlosem Bleiben.
Den Wunsch erwartet zu werden am Grenzfluss.
Schon geht ihr Blick von einem Boot aus, sanftes

Schaukeln in der Strömung. Ich verwandle mich darin, vielleicht
wie in den ersten Tagen meines Lebens. **Nein, ich will,
dass es aufhört das Sterben,**
stelle mir ihr lotrechtes Fallen vor im letzten Atemzug,

in eine Leere der Substanz, die uns unbekannt bleibt solange wir leben.

Erst Wochen später, mit dem Fallen der Blätter,
verschwand auch ihr Gesicht aus den gegenüber wachsenden Sträuchern.

Marcus Neuert

EISENBAHNBLUES

du konntest NEUSS LIEBHABEN und nippes doof finden, die BINSE AUSHEBELN, dass auch anderswo der EISENBAHNBLUES auf dich wartet: seit dich der fernwehwind aus dem NEBENHAUS BLIES in die welt, dich versah mit der SENSIBLEN HAUBE des glueckskinds, die dich SILBEN AUSHEBEN liess und verse formen, seither lebe ich im SELBEN BEINHAUS wie die verlorenen und NAHEBEI BUSSELN sich die liebespaare, lesen in folianten, die wie BIBELN AUSSEHEN, weise worte: moegen auch BAISSEN BLUEHEN zuweilen mit der HAL-BEN EINBUSSE an zuversicht, am ende BLIEBEN HAUSSEN, perfide troestliches, bis eines tages dieses SEHNEN AUSBLIEB in mir, du endgueltig fort warst, mir fern dein EISENBAHNBLUES.

ich HABE SIE NICHT MEHR

ich war ja auf ANHIEB HERMETISCH für sie ich war ihr
EIN HABICHTHERMES stets auf achse wortfinder im sturz
flug ich glitt zwischen welten BEINAHE THERMISCH sie
wirr aber auf beiden beinen ich EHER IM HABENICHTS
doch ihre brueste schicksalhaft IM AETHERISCHEN BH und
ich ihr brandungsfels so war unsere MISCHEHE BEINHART
sie winters in IHREM SCHNEEHABIT oder abends am herd
meins HEIMCHENS TIER HAB ich gehütet einen fetten
kater
doch wenn ich HINSAH BEI RECHTEM licht war ich unbe
haust auch wenn ich noch IM NAHBEREICH STEH ihrer leib
kosung sie stets SICH HEITER BENAHM bei tag nur neuer
dings macht der nachbar BEINAH MEHR STICHE bei ihr
und sie ist nun der ansicht ich HABE SIE NICHT MEHR
alle ich HIERIN BESCHAEMT geb zur antwort ich hatte
sie auch noch nie aber ich HABE MEHR EINSICHT als je

Anja Ross

tandemflug

libellen schwirren
im licht bilden
ein paarungsrad
fliegen zu zweit
balance halten
sich fest im tanz

vor dem frosttod
sekundenlang tauchen
sie in den see
vertrauen
ihre nachkommen
dem wasser an

umdeuten

das ahornblatt
im herbst
winkt nicht
zum abschied

es tanzt
im wind
es lacht sich
scheckig

Jürgen de Bassmann

Wir sind ein Gedicht
Ja, es stimmt, du bist schon spät
dran. Ich will dir ja auch nur noch sagen…
Doch, ich weiß, dass dein Zug geht.
Sicher, ja, in ein paar Tagen
bist du wieder da.

Ganz kurz: Wir - Sind - Ein - Ge - dicht!
Ja, so ist es, ich und du, wir beide…
Unterbrich' mich bitte nicht.
Du kannst das doch auch nicht leiden.
Hör mir bitte zu.

Also. Wir zwei sind nicht gleich.
Doch sehr ähnlich. Das muss man uns lassen.
Warm fühlt sich das an und weich,
wie wir zueinander passen.
Wie ein reiner Reim.

So, als hätte Hand in Hand gegriffen,
wäre jeder scharfe Satz
harter Worte abgeschliffen
von dem bunten Kieselschatz
jedes neuen Tags.

Leichtes Schweben. Schwerer Schwung.
Deine Zeilen reimen sich auf meine.
Alles wird Erinnerung.
Wegbegleiter sind wir beide,
sind uns Klang und Ton.

Deshalb – und ich mein' es ernst –
dacht' ich mir, es wär' doch schön, wenn du mich
einfach mal auswendig lernst.
Und natürlich lern' ich dich. Ich
glaub', ich kann dich schon.

Wär' ich dann einmal von dir
– so wie jetzt – getrennt für ein paar Tage
Wär's nicht schlimm, dann könnten wir
in Gedanken uns aufsagen.
Was hältst du davon?

Meinetwegen, lach du nur,
denn ich hör dich ja so gerne lachen.
Aber schau mal auf die Uhr!
Schnapp dir deine Siebensachen
und dann auf zum Zug!

Leaving Stroke Unit

Diesen Raum füllt grünes Licht.
Blinken, das den Herzschlag zählt.
So viel Zeit, um wach zu liegen.
Nachts: ein ausgeknipster Tag.
Und die Decke wölbt sich weit.
Schmelzen. Brennen. Glut.

Atem, der sich aus mir quält.
Schlechte Luft und langes Liegen.
Röhren, Kabel, Schläuche. Draht.
Keine rote Lache seit
gestern. Das macht Mut.

Blinde Fenster, tote Fliegen.
Wie er's wohl den Kindern sagt?
Sich belügen macht sich breit:
Ja. Es geht mir gut!

Doch: Das Leben — ausgeschabt.
Stechend harte Einsamkeit.
Seltsam. Keine Wut.

Spüren: Es ist jetzt soweit.
Sinnlos, was man tut.

Ich verliere Blut.

Dominik Dombrowski

Schwanen

Er darf das Krankenhaus nochmal verlassen und sitzt
    auf gepackten Koffern
an der Bushaltestelle Richtung Fähre
    fragt er sich,
ob er nicht einfach hier sitzen bleiben soll
    auf diesen gepackten Koffern. Auch später
in seiner Wohnung
    bleibt diese Frage: sich ewige
Jagdgründe suchen, eine Stuhlecke
    vielleicht oder den Platz am Küchentisch
an den kleinen blauen
    Bodenfliesen, wo sein altes Tier gestorben ist?

Dort sitzen bleiben und hoffen,
    dass wenigstens der Verstand bleibt,
dass einen das Schicksal nicht doch noch
    schlägt wie einen Maler
mit Blindheit oder einen Beethoven,
    der ertaubt, vielleicht jetzt
einfach irgendeinen dieser gepackten Koffer nehmen
    und jemanden finden,
den man in Geheimnisse
    einweihen kann.

Vielleicht, dass man sein fernes Tier einholt,
    es an die Leine nimmt
und sich von ihm ans Meer führen lässt?
    Dort könnte man sich auf einen Pfahl setzen, nah

am Ufer, aber schon im Wasser.

   Ein *Pfahlsitzer* werden! Ein Außenposten
der Lächerlichkeit,
   an der Grenze zur Tragik dort
ein Bild abgeben, dass
   diese Lächerlichkeit Größe bekommt.

Eine finale Metapher, ein Statement des Schwebens,
   der Unentrinnbarkeit
vor dem Tode
   bei gleichzeitiger
vollkommener Gewissheit, dass zu sterben
   niemals möglich ist, inmitten der
Lastkräne und Containerschiffe und dazwischen
   entert ein Schwan
eine verwaiste Schwanattrappe und lässt sich
   hinter die Hafentöne treiben, in die Abwesenheit
der Lichter und ihrer Verrückten.

   Und rührt sich kaum und sitzt
auf dem wässrigen Grund seiner ausgelöffelten Freundin
   und schüttelt sich / ab und zu gräbt er sich ein
in die Dickichte von Gefieder und Nacht.
   Und es ist ihm egal, was kommt er treibt weiter
und immer weiter ins Offene.
   Er dreht sich kaum um / sich selbst und irgendwo
zwischen den Kontinenten wird er die Flügel ausbreiten
   und an die Fluten stürzen und es wird ihm schwanen
wie das Meer denkt / was die Seele nicht will
   verschwinden lassen verschwindet nicht.

1964

Dirk Hülstrunk

etwas

etwas denken
etwas sagen
etwas meinen

etwas nicht so gemeint haben

etwas essen
etwas trinken
etwas spüren

etwas aufspüren

etwas suchen
etwas finden
etwas vergessen

etwas ahnen

etwas brauchen
etwas halten
etwas verlegen

etwas ansehen

etwas probieren
etwas gewinnen
etwas verlieren

etwas mehr verlieren als gewinnen

etwas lieben
etwas geliebt haben
etwas geliebtes verlieren

etwas verlorenes wiederfinden

nichts sein
etwas werden wollen
etwas anderes sein

etwas gewesen sein

zuletzt

die rollos herunterlassen
einen tee aufgießen
eine banane schälen
ein letzter blick auf die uhr

Agnieszka Lessmann

Abschied, schon wieder

Unsere Seelen verweben sich
Ineinander Fäden aus
Sprache und Licht und
diese beinahe unmerklichen
Gesten

sie gehen schon wieder

möglicher Schluss:
ein Fest zum Abschied

Wir erzählen uns jetzt
Unsere Geschichten
Sie sind lang und schwer zu verstehen
aber nicht wegen der Sprache
sondern wegen der Menschen

Im Morgengrauen dann Khalids Optimismus
und ich säße im Garten und wartete

Streunende Lettern

sie queren Saatrillen
feldauswärts
hinterlassen Gesänge
künftiger Salatköpfe
und wo Weizen keimt

auch Spreu

Hand in Hand
über die Schattenlinie des Waldes
in Zeilen zwischen Zweigen
hüpft von Amsel bis Zeisig
die ganze alphabetische Schar

und weiter
davon

stolpern im Schwarm über die Autobahn
zerstieben an nächtlichen Ausfahrten
verteilen sich songweise auf Straßen
warten odengerade an Kreuzungen
flüstern Geheimnisse
in die asphaltblaue Nacht
brabbeln glückselig vor sich hin

am Stadtrand verlassen sie
Hand in Hand
die Schattenlinie der Häuser
stottern müde

bloß weg
nur wohin

an der Autobahnausfahrt
wie hingeworfen
im Gebüsch
Blaulichtwagen warten

Kaffee und Klackern von Tasten

1964

auf der Wache finden sie sich wieder
als Eintrag im täglichen Protokoll

Auf Gleisen städtischer Bahnen
fahren Silben zum ratternden Beat
Waggons voller Liebeslieder am Morgen
und am Abend blicken Elegien
auf die Felder hinaus

Hartwig Mauritz

1964

die toten schlafen fest

ihre stimmen rauschen in den bäumen. auf ihren wunden hat sich grind
gebildet. sie kennen keinen klingelton. sie lassen ihre seele am
sterbebettbezug zurück, suchen neue fülle, frieren, zittern nicht

nie wieder sagen sie den zweiten hauptsatz auf. die vögel singen, über ihren
gräbern stellen sie ihren schatten ab. keine laterne scheint, in ihrer stillen
nacht sind sie nicht sanft gestorben. zum abschied kreist

der mond um sie herum. die toten sind unter den horizont gefallen. aus
ihnen sprießen kräuter, friedhofsblumen. ihre knochen sind von schlaf
bedeckt. wir müssen den spaten nehmen, sand. die landschaft

lastet schwer auf ihnen. die toten sind mit dem wurzelwerk vernetzt und
testen ihren glauben: glocken hetzen letzte laute, grablichter
flackern. im wartezimmer blasen engel ihre kerzen aus.

pappellandschaft steht spalier, die autobahn hitze
nach ablauf der frist risse in der herde für den kurzen rest
steuert ein hirte die tiere hinter das licht. ihr fell
wächst zum himmel. ein schlagbaum der schlachthof
erfindet schatten im **wartestall** der offene kasten
vor der kammer fressen, warten. im kopfrund des rinds
ein letzter gedanken an wiesen, graskörper. die haut
mit wasser besprenkelt. das beruhigt und verwandelt die stoffe
des leibs. adreanalin verdirbt das fleisch. die tiere gehen
gern bergauf und ins helle. ihr hirn wird sekunden durchströmt.

windstille

nadelt notsignale. der friedhof grabtuch, laub, geharkte wege
tannengrün, ein urnenfeld, anonym gestrecktes gras. die stille
das ende des herzschlags, weckt kein allerheiligenbesuch

pinienprozession. die kiefer steht im rauch der nebelschwaden
zwischen koniferen huscht die dämmerung spielt mit den schatten
luft aus wasserfäden. andachtsstätte, schachbrett für die namen

du bist verscharrt in diesem garten lade ich die app
für dein onlinegrab. *der tod ist der horizont*, der an dieser hecke endet
eine kondensspur, die den himmel hebt.

Kai Pohl

Beim Überqueren der Brücke

den Pfennig aus der rechten
Manteltasche nehmen
in den Bach werfen und
auf den Grund sinken sehn

auf den Grund des Baches
den ich mein Leben lang kenne.

Jetzt, wenn ich die rechte
Hand in die Manteltasche stecke
spüre ich darin
kaltes klares Wasser.

Jeannette Abée

Er
schenkte ihr einen Käfig voll Rotkehlchen
an einem Herbsttag und sagte dabei:

Ab jetzt wird alles anders.

Sein Arm am Käfig wurde zum Mann dann und sagte:
Sie ziehen oder sie bleiben. Die Rotkehlchen.
Sie ziehen nach Afrika um zu leben
und sterben im Flug zuweilen.
Sie bleiben am Ort, um im Flug nicht zu sterben
und sterben im Eis daheim zuweilen.

Es werden nie alle sterben, es werden nie alle satt.
So ist es gedacht. Es wird weitergelebt,
ziehend oder nicht ziehend.

Christian Engelken

Doppelepitaph

1.) Epitaph des Herz-Kreislauf-Toten

„Plötzlich und unerwartet" starb ich.
Ihr sollt wissen:
Ich habe nicht lang leiden müssen.

2.) Epitaph des Krebstoten

Ich starb „nach langer schwerer Krankheit",
wie sie's nennen.
Ich habe Abschied nehmen können.

Nach dem Abschied
aus Gesellschaften

Schließ hinter dir
Schön fest die Tür -
Dann lausch an ihr!

Falk Andreas Funke

Also dann

Zum Schluss geht es schnell
Gott, die Bahn!
Die Deutsche Bahn kennt kein Pardon
Also dann, lieber Franz, nicht erst
zu Deinem Geburtstag, da müssen wir
vorher noch telefonieren
Wirklich, *so alt* wirst Du?
Mach keine Witze, klar kommen wir
wenn es irgendwie geht
Och Gottchen, ein Tränchen
Nein, nein, das ist schon ok
Du hast ja recht, mein Lieber
So jung kommen wir nicht mehr zusammen
(wann hat *das* zuletzt jemand gesagt?)
Aber was soll das heißen: *Wenn überhaupt*
Mensch, *red`* doch kein Blödsinn, Franz
Sicher, die Uhr, mit der man die Zeit
zurückdrehen kann
und das Glück und das Leben
Die hat noch keiner erfunden

Am Ausgang

Wir werden uns alle am Ausgang wiederfinden
wo die Raucher stehen, die uns lachend zuraunen
Na, hat es euch endlich auch erwischt?
Und erst in diesem Moment erfahren wir
dass es draußen gar nicht so übel ist
in der lauen blauen Nachtluft
wie einst im hohen Sommer
unseres Lebens

Semier Insayif

mit
meiner hand
schrift über
schreibe ich
deinen fehlenden
körper

verloren gehen
ist ein vielfältiges
(erscheinen)
selbst an sich
verschwinden körper
in unzähligen begegnungen
berührung zwischen selbst
behauptung und selbst auf
lösung

manchmal
gehe ich rückwärts
ohne es zu bemerken
und entdecke im augenwinkel
die vorläufigkeit meines schattens
und an meinem atem
die rückläufigkeit der luft –
bis ich ganz in mir
verschwinde

1965

der morgen ist ein beginn
die nacht ein anfang
ein ende lässt sich nicht erträumen

1965

Elvira Lauscher

Ich habe mein Gedächtnis verloren
wo, kann ich nicht sagen
auch wann, ist mir entfallen

Der Zeitpunkt des Verlusts
ist ungewiss
ich weiß ja nicht
woran ich mich erinnern soll

Was wichtig war
ist nicht mehr wichtig
auch das Nichtige
bekommt eine neue Bedeutung
oder besser gesagt: Bedeutungslosigkeit

Das macht vieles einfacher
fast beschwingt fühle ich mich
so frei von Erinnerungen

Verlust

Meine Heimat habe ich verlassen
bin weggegangen
von der Erde
in die meine Eltern und Großeltern
Sonnenblumen gesät
oder manchmal Tränen geweint haben

Ich habe es verloren
das Gras
meinen Ball habe ich darüber gekickt
mich ins Grün gelegt
um die Wolken zu beobachten

Habe sie allein gelassen
die alte Eiche
mit dem rauen Stamm
nun bauen andere Eichenmännchen
und werfen das Laub hoch

In den Himmel
ja fast bis in den Himmel

Dolores Burkert

Raum

Wochen endloser
hektischer Aktionen
führen mich
zu dir
in dieses Zimmer

wir haben alles versucht
nun scheint die Sonne
auf dein Gesicht
mit ihrem Strahl
auf meiner Hand
spüre ich
wie mein
hastiger Atem entspannt

ich streichle
deine Restwärme
endlich Ruhe
für dich
für mich
für die ganze Welt
in diesem Raum

Elke Engelhardt

1966

Abschied

Meine Gefühle sind verreist
mit winzigen luftleichten Rucksäcken
streifen sie durchs Gebirge
während ich hier stehe
ratlos vor einem eingefriedeten Stück
Erde darauf ein Stein
Auf dem Stein ein Name
zwei Daten

Meine Gefühle sind verreist
ich weiß nicht ob sie wieder
nach Hause finden
Die Berge sind hoch
und im Winter mit Schnee versehen

Worum es geht

Es geht um den Moment
in dem jemand den Schirm schließt
weil ein anderer den Regen auffängt
Es geht um Gott
wie er in der Dachkammer sitzt
und seine Strümpfe stopft
weil er sich nicht von ihnen trennen kann

Zugfahrt

Ich dachte an meine Großmutter
ihre stille Art auszubrechen
an ihren Geruch nach Haselnuss
und warmen Händen

Mein Großvater war mit der Katze
zurückgeblieben
Meine Schwester schrieb
von Überfällen oder Überfülle
es war nicht klar zu erkennen
was sie meinte sie
überschrieb jede Zeile mehrfach

Das Haus sehnte sich nach
einer Decke aus Schnee
gegen die Kälte

Mehrere Züge traten ein
in einem Abteil saß die Lüge
das andere blieb frei

Als alle Wege vertäut waren
liefen wir aus
ließen jede Vorstellung hinter uns

Axel Görlach

für immer

lagen hinterm rollfeld im gras, boeings donnerten
über uns hinweg, dann stille, grillenzirpen, wir
atmeten sterne an den himmel, *das ist für immer*
hast du ge – das blieb mit deinen geschlossenen
wimpern bis heute tief innen, wo die schmerzen
zusammenlaufen, kannst mich nicht mehr finden
selbst wenn ich's will

rieselt schlaf, nieseln pixel zu laub
das mich schichtet, ich träume vom grund
ich weiß das im schlaf, ich schlafe als laub
es treibt durch geschichte, durch andre
träume, **jemand** sieht mich auf einem karren
schleift meine hand über fremden boden
zieht eine dunkle spur durchs laub, ich fühl
das im traum löst sie sich auf in helle
pixel, die zu einem fenster sich rendern
aus dem quillt laub, aus schlaf wach ich auf
in einem weißen saal, ein blatt im haar

Caroline Hartge

Dieses Mal für Axel Kutsch

>   „… aber ich möchte Sie
>   doch dabeihaben."
>   Axel Kutsch, *als ich keine neuen Gedichte hatte*

[…] aber immer
verwahrt jemand die hosen / die axt / die gedichte
das haus verliert nichts.
    nicht den zaun und nicht die bank
    nicht das reiherpaar
    nicht den schiefer & nicht das blei
    & nichts von alledem.

Rüdiger Bartsch

krankenbesuch

sie sitzt bei ihm am bett / vorletzte nacht ist er / für sie gestorben /
er kann nicht mehr schlucken / sein mund steht offen und kommt
/ aus dem staunen nicht heraus

seine hand liegt in ihrer / und ist nicht mehr die alte / sie hält sie
sich vom leib / machtloses fleisch dringt / ob sie will oder nicht /
durch ihre kaltgestellten finger

Nach dem Tod

Gefunden wurde im Zimmer,
beim Saubermachen, an der Pinnwand
eine Zeichnung des Enkels -
vier Strichmännchen unter einer Sonne,
die sich an den Händen halten.

Totholz

"Sie werden mich übersterben." Elke Erb

Die Bäume geben ihre Abschiedsvorstellung.
Einzeln und in Gruppen treten sie
vor den Waldrand oder tauchen auf unter
ihresgleichen - knochenkahle Gestänge,
erstarrt in exzentrischer Pose,
inmitten von *O schöner, grüner Wald.*

Kein Frühling kann ihnen noch etwas antun.
Aus keinem Zweig wird sich eine Knospe drängen.
Ihre Spitzen, zwischen den Fingern -
        lassen sich zu Krümeln zerreiben.

Welcher Trost bleibt nach ihnen?
Welches Erkennen ohne ihre Früchte?

Die Gnade eines Abgangs ist nicht vorgesehen:
Sie bleiben angewurzelt wie angewurzelt stehen,
        - sie überstehen ihren Tod.

Steffen M. Diebold

fürsorge

wenn der matrose ein bein verliert
und nicht mehr so flink in die takelage
klettern kann, kippt man den holz-
beinigen über bord, nicht ohne
ihm hinterherzurufen, das
geschähe nur zu seinem besten
und aus sorge um schiff und besatzung.

Palimpsest

Viel Zeit blieb nicht,
um ein wenig Gold
aus dem Leben zu waschen;

Wichtiges wich, wurde
nie fertig, doch wir
glaubten stets, viel Jahr
in Pacht zu haben,

segelten durch bizarre
Gemälde, deren Rätsel
ungelöst blieben.

Erinnerungen zerren nun
wie Hunde an der Leine.

Andreas Hutt

Lesen, Reste von
Regenfeuchtigkeit tasten.

Was Gartenmöbel verraten:
Hier grillt jemand gern modern,
hier vermodern dieselben Korbmöbel wie auf anderen Terrassen.

Plastik im Wind,
Gespräche von Paaren, eine Frühlingssonne,
ein wortlos in den Augenblick gestelltes Klappern.

Wie Bücher Sätze über Jahre hinwegretten können.

Transitzone Sessel.
Musik vor gepackten Koffern.

Ich schalte Erinnerungen ein:
an ein Aufschließen der Tür, sitzen,
der Blick aus dem Wohnzimmerfenster,
vertraue darauf,

dass der Winkel, in dem Regale,
das Sofa, der Teppich zueinanderstehen,
unverändert ist.

Zeit, die alte Ballade,
fließt aus Lautsprecherboxen.

Sekunden, Minuten, Stimmen,
die sich in einem Loop wiederholen,
bevor sie verreisen.

Sabina Lorenz

1967

Epilog für Marija

Noch bist du nicht bereit. Züchtest
Rosen statt Herbstzeitlosen. Sagst
zum Wein, schau, wie er blüht! und
die Augen weit zur Sonne hin, ja, ich
will, was das letzte Licht noch bricht.
Mit einem Lachen. Einem Lachen.
Spielst mit Göttern um deinen Schutz.
Du spielst, du verlierst. Du spielst, du
gewinnst. Du spielst. Einmal noch
mit dem Nachtbus fahren ins wilde
Land. Hinein. Unterwegs. Nach Haus.

Ankunft

Die Kälte hier ist eine andere. Die Zeit, der Umstand, der Ort.
Die Suche in den Wirren der Bahnhöfe nach einer Bedeutung
in den Anzeigetafeln an einem Samstagnachmittag, wenn
dazwischen Deutschland liegt, schließlich steht auch hier
nächster Zug S3, und all diese Menschen wissen wohin.
Die Wegweiser ergeben kein Bild. Eine Ankunft ist traurig
ohne dich. Der Umstand, der Ort.
an dem zwischen unseren Sätzen Orient und Okzident liegen,
zwischen Wüste und Winter kein Platz zu finden ist. Im Dieselruß am glitschnassen Fenster rinnt dein Spiegelbild, und kein
Wegweiser. Du in der Ecke, nicht wissend, wohin. Angst,
die Grenzen setzt. Die haben nicht wir in uns getrieben, sondern
irgendjemand sonst. Wie gern würd' ich sagen, die Zeit hat Zeit.
Der Umstand, der Ort. Komm zu mir. Schlaf bei mir.

Für ein Katze I

Am Boden. Still. Perfektes Tier. Knöchelchen Jetzt, durch diesen kleinen Körper scheint Licht, das die Augen verlieren. Flackern die Muskeln beim Einstich kalten Metalls, züngeln, zuletzt ein Schimmer. Luftleichter Atem im Fell, im Fell die Farben der Glieder. Vergehen. Verwehen Schatten, das schnelle Herz, das Jagende Herz, das kleine Herz. Still.

Achim Wagner

1967

Ankara meine Liebe

die Blätter fallen
in Metrostationen
Schutzwesten
und Schäferhunde
auf Sprengstoffsuche
um meinen Hals der Geruch
von Zimt
ein Mann flucht
in sein Telefon
dass es eine schlechte Zeit sei
um seine Wohnung zu verkaufen
jetzt wo so viele wegziehen wollen
aus der Hauptstadt
3 Minuten bis zum nächsten Zug
Richtung Dikimevi
ich zupfe deine Haare
von meinem Pullover
und bastle aus ihnen
einen kleinen
schwarzen Galgenstrick

Fahrt von Üsküdar nach Beşiktaş

Hinter uns verschwindet Anatolien
und Nebel verhüllt
die Finanztürme von Levent
ich lasse das Telefon ein Lied spielen
Ahmet der Santurspieler
sprang heute früh mit dem Regen
von der Brücke
erzählst du
vielleicht wollte er mit den Delphinen
zum Schwarzen Meer
oder zu den Dardanellen schwimmen
wir stehen an der Reling
in den Kleidern
in denen wir schon gestern froren
der Bug
teilt einen Schwarm Quallen
dass wir Hasenblut trinken
aus Tulpengläsern
bis sie das Seil festzurren
und das rhythmische Trampeln
von Füßen die ihren Weg kennen
an uns vorbei

Marcell Feldberg

Bist jetzt woanders,
schnüffelst Erde an
einem guten Ort.
Komme mal vorbei
auf einen Kaffee
an einem schönen
ausgesonnten Tag
und dann flüstern
wir uns Gedichte zu.

[An Friederike Mayröcker, zum 97. Geburtstag]

Simon Gerhol

Mein Vater

Hinterlässt ein weites Feld,
Mir zum Erbe, unbestellt.
Klage meine Angst dem Wind,
Säe Sehnsucht nach dem Kind.

Der Erpel

Zitternd irrt sein Blick verschwommen,
Vom Vorübergeh'n der Räder,
Pendelt auf orang'nen Stelzen
Zuckt des grünen Haupt Gefieder.

Schwankt herum auf Wasserpfoten,
Schallt Quaken zum geliebten Weib,
Walzer der Verzweiflung toben,
An der Straße mit dem toten Leib.

Vom Asphalt hebt der Wind empor
Braune Federn. Lässt blut'ges Fleisch,
Erlosch'ne Träume liegen. Harrt der Tor,
Voller Sehnsucht herum im Kreis.

Peter Kapp

Etwas zerbricht

Meine Heimat, meine Heimat. Da war Luft, Federn
in uns, um uns herum, die zarte Verbundenheit
verwandter Seelen, Humor, die Kraft der Körper. Nur
eine Mauer aus Pauspapier stand zwischen uns,
wir kritzelten Blicke, unser Lächeln darauf, erzähl mir
von deinen Träumen.
                    Die Zeit löst nicht, sie fährt
Panzer auf, da wo Ich war, ist nun Schmerz, Stacheln
wachsen aus Schnee und fass mich nicht an. Ich
zähle nicht weiter, es wird kalt, die neue Wunde wächst
zu. Sie vernarbt, die Narbe ist hart. Jetzt spreche ich
Vergangenheit: Du warst, du warst, ich liebte.

Stan Lafleur

Durchschnittsprofi

mit einem Übersteiger, der Mut
überstieg die Mittel, setzte er sich
im letzten Spiel nochmal in Szene
befeuerte die Fans, die hüben wie
drüben ihre Stimme erhoben. es war
fast alles gehupft wie gesprungen
resümierte er seine Karriere, zehn
Jahre Mittelmaß auf hinten links
zum Abschied launig im Sportstudio

Andreas Noga

Schlussakt Aktenschluss

Am Ende ist der Anfang
ein schwaches Leuchten

im Kopf. Wirklich unwirklich
die Entfernung der Tische,

an denen wir sitzen, jeder
auf einer anderen Seite

des Ufers. Dazwischen
die verflossene Zeit.

Ansgar Eyl

Auf ein Wiedersehen

Ich sah in die Pupillenkränze
Und das Vibrieren des Abschiedsaugenaufschlags
Zehntelsekunden eines neuen Anfangs

Fingerspitzengefühlsverwirrung
Wir lösten unsere Handinnenflächen
Bis wir aus den Endstücken des Lebens

Zu uns zurückkehren würden

Anke Glasmacher

1969

Die Marmorplatte

staub
du wirbelst staub
aus der maserung

zwischen dem stein
eine platte nur als ganzes
vorher lag sie auf wem anderes
jetzt auf deiner stirn

manchmal wirbelt ein tod
staub auf
manchmal trägt wer anders
das ornat

Sabine Reyher

Letzter Wunsch

Lass mich
zu Gras werden
vom Wind gekämmt

zu Blatt im Herbst
mich bunt färben
welken und verweh'n

zum Vogel
über Felder kreisen
die Welt zu schauen
nicht Beute suchen
nein das müsste ich nicht mehr

Pappelsamenschnee

Längst bist du fort
was bleibt
dein Lächeln hinter Glas
dunkel gerahmt
an jenem Sommertag
in allem spür ich dich
in Baum
in Strauch
in Gras
in Schmetterling
der deine Blumen küsst
ein Lebensstrauß Erinnerung
der bleibt
und
wie zum Trost fällt
Pappelsamenschnee

1969

Christoph Wirges

anser anser
lange vor dem sichtbarwerden
erfüllt ihr geschrei
den luftraum über der stadt

vereinzelte passanten
bleiben stehen
um die bewegliche keilschrift der gänse
zu entziffern

ihr flug
von nordost nach südwest
das rätsel gelingenden miteinanders
die lärmende wildnis einer minute
hoch über den köpfen –

im weitergehen tragen die leser
eine schöne wunde durch den tag

CRAUSS.

Flusslauf

st. clemens dämmert schon.
im hof spielen kinder.
da weht eine brise mich an da verschwindet
jemand schnell im haus und unten am fluss
greift etwas mir ins geweide. ich breche zusammen.
in der stadt warten die freunde ich aber laufe
ins land in die felder und schmiere
auf drachenschwüren ins schilf.
die liebe ist ein scheiss hör ich mich fluchen
der morgen muss irgendwann dämmern.
der horizont verschwimmt mir in tränen
es regnet verzweifelt. die welt ist zu voll
von dingen die man doppelt betont aber ich
habe den geschmack noch von unseren narben
im blut. in der pinte an der gablung der läufe
ein telephon. von hier aus
kehr ich nicht wieder.

Abschied

da gehn im halblicht zwei gestalten, tief gebückt,
    die schritt wie ruder in den damm gestemmt.
    mit irrem tosen schlägt der sturm die letzten hiebe
    gegen grüne klippen; aufgewühlte seele!
    einer hält den andern an der festen hand,
    und bald, bevor sie noch den turm erreicht, hinaufgestiegen
                                                                 sind,
    hat wahnsinns wind schon regenpeitschen aufgelöst
    und nur die beiden eine träne tragen lassen.

abschied scheint nun in die nacht, sie bleiben stehn.
    als letztes wort und keins zuviel
        heissts: *hölderlin!*

Carsten Stephan

1971

Müllers Abschied
„Wunderhorn"-Montage

Ich hör ein Hirschlein rauschen,
Das ist der böse Feind.
Gar tief in kalten Keller
Der Mond gar lützel scheint.

Ich stehe auf der Lauer,
Die Schiffe gehn ins Meer.
Drey Gaggeleyer sieden,
So schwarz als Holderbeer.

Ich bleib itzt unverworren,
Der Wein ist eingethan.
Es rennen alle Bronnen,
Anstatt der Tulipan.

Ich thu mich vielmals wäschen,
Wohl etlich Klafter weit.
Dazu ein Scheffel Bohnen,
Ein Ritter hochgemayt.

Ich hab viel Ritter, Grafen,
Pomranzen und Muskat.
Auf einem schwarzen Sumpfe
Der Kopf steht auf dem Rad.

Ich will von hinnen reiten,
Die Muscheln auf dem Hut.
Ihr flattrendes Gezwitzer
Thut wunderselten gut.

Der Weg zur Arbeit

Man rast das trübe Treppenhaus hinunter,
Erst halb im Mantel, und man hasst die Uhr.
Es nieselt. Nur die Müllabfuhr ist munter.
Man sagt sich wacker, spürt man auch Land unter:
Der Regen ist sehr gut für die Natur.

Man tänzelt düster zwischen Hundehaufen.
Wo gibt es sonst so viel Urbanität?
Die Ampeln trödeln. Man darf selbst verschnaufen,
Zum Bahnhof aber: 100-Meter-Laufen!
Man kommt noch pünktlich. Doch der Zug zu spät.

Man tigert unter Lautsprechergeschwafel
Und reibt sich wirsch das unrasierte Kinn.
Marseille blitzt von der nächsten Abfahrtstafel.
Man möchte weg. Ob Mittelmeer, ob Havel…
Man führe selbst nach Buxtehude hin.

Man wäre weg. Man säße nicht auf Kohlen.
Und bliebe weg. Wo Ware ist, ist Schwund.
Kein Ausstand, Resturlaub… Nur leise Sohlen.
Ein Abschied wie dies Zigarettenholen,
Man könnte meinen, Rauchen ist gesund.

Man nimmt den Zug – zu den Büroquartieren.
Der Abschied nahm schon wieder seinen Hut.
Zum Firmenklotz geht es auf allen vieren.
Kaum angekommen, ist man am Rotieren
Und hört sich keuchend sagen: Danke, gut.

Beim Meeting unterm Cheftoupet die Meise,

Man ist mit allem sonderbar vertraut.
Und später dann, bei Tisch, die alte Weise:
Die Welt ist rund. Braucht es dafür Beweise?
Man lacht kurz auf und konstatiert sehr weise:
Es gibt kein Eisbein in Marseille mit Kraut!

1971

Stefan Heuer

zum ende der spielzeit

nicht mehr theater spielen müssen
die vorstellung mittendrin abbrechen und gehen
ohne auf den applaus zu warten

die vorhänge schließen
und nicht erneut auf die bühne treten müssen
die lichter löschen und hoffen
dass das honorar trotzdem gezahlt wird
wenigstens zum teil

das theater durch den hinterausgang verlassen
das fernsehteam im regen stehenlassen
und darauf warten
dass der abspann abläuft
automatisch wie alles

die gäste werden ein anderes theater finden

sekunden

die schaukel noch
in schwingung
so als wärst du
gerade erst abgesprungen

heiterkeit fällt von
den bäumen
muss nur noch
aufgesammelt werden

ein käfer weint und
ich schaue ob ich
ihm helfen kann
aber nichts kann ihm mehr helfen

Joanna Lisiak

dies ist kein abschiednehmen

es ist kein verdunsten ins nichts
vielmehr ist was aufsteigt ein neues
lebenselixier es ist ein versprechen
zu lernen die neue form bestätigt
wasser muss nicht immer in flüssiger
ausprägung auftreten nicht im selben
gefäss sich befinden trotzdem sich
definieren als wasser und wasser sein

mit neuer kraft zerschlage ich den
tellerrand ich gehe über ihn hinaus
der nicht mehr da ist kein rand
schon gar kein teller mehr
er musste sein damit ich
sagen kann ich gehe darüber hinaus

und ja: mit vielen unterbrüchen und
zugegeben mit elenden niederlagen
mit verschnaufspausen unsicherheiten
ich bin eine die zu ertrinken droht
mit wasser in den augen das
nicht-begreifliche im blick
gehe ich ins ungewisse
nichts mehr ist leicht erklärbar
die tränen strömen anschaulich beschaulich
durch getaktete räume sie fliessen
nicht immer und immer anders doch
das ist nur ein bruchteil der geschichte
oder wie du einst sagtest
wir stellen falsche vermutungen auf

Lars-Arvid Brischke

stellwerk
wie die sucht nach einer maschine
der man sich einfach anschließen kann
einer maschinerie als sinnkonstrukt
die einen funktionieren lässt
so sehe ich meinen vater
geboren am ersten august
einen monat vor ausbruch des krieges
wie er sich die zeit seiner jugend vertreibt
im paradies der gleise erfurt hbf die nomen-
klatur der lokomotiven studiert & träumt
sie eines tages zu führen streng nach fahrplan
der ihm in fleisch & blut übergeht dort
hört er zwischen signalen & weichen
das gras wachsen & prüft die waggons
fenster für fenster ob nicht hinter einem
sein vater der bahnpostfahrer steckt
ihm zu winken oder zu drohen dass die mutter
zu hause sich fragt wo die männer bleiben –
denn sie kann ja warten

Für Ralf Brischke

Volkmar Mühleis

Sommer 1943

Entlang der Weinreben leben
mit den Füßen in der Sonne,
der Kopf, ein Schattengewächs

Hummelgesang
im Crescendo
die Vorkosterin bestäubt

der Natur ihren Lauf lassen,
                sich selbst
  auf und davon fliegen,
nur daliegen

ein Ausflugsdampfer hupt in der Ferne
Schlagermusik gibt den Takt vor
dann verlieren sich die Rhythmen
im Klanggewebe der Stille
dem Rascheln im Kies,
Flirren im Busch

ausgekostet, betäubt
von der Hitze
öffnet er die Augen

echsenkalte Gedankenblitze
der Einberufungsbescheid

Ein Mann, den seine Jacke trägt
geht Stock für Schritt in den Wald

seine eingeknickten Beine
fliehen versetzt vor sich hin

so läuft er
mit schlotternden Knien
bergauf

sein schlohweißes Haar,
ein Schneekranz –

die Schleier-, Nacht- und Nebeleulen
spähen durchs Gefieder,
                      gleiten durchs Geäst

im Nachgesang
   der Narayama-Lieder
im Schein der Dämmerung,
               zuletzt

Variation über Schwierigkeiten beim Verständnis der Narayama-Lieder,
eine Erzählung von Shichiro Fukazawa, zu einer japanischen Legende
von dem uralten Brauch, Sterbende ins Gebirge zu tragen

Martin A. Völker

Ahnung künftiger Gewissheit

Wie werde ich dich erkennen
in einem nächsten Leben?
Zeigst du mir das Wasser,
wenn ich durstig bin?
Führst du mich in den Wald,
damit ich wieder atmen kann?
Entzündest du ein Feuer,
auf dass ich sehend werde?
Berührst du meine Stirn für
die Ruhe der Gedanken?
Dass ich wieder leben darf,
daran werde ich dich erkennen.

Lied von der Rose

Da ist diese eine Sache,
die ich einfach nicht vergessen kann:
dein roter Mund,
halb bedeckt von einer Rose.

Aber es ist Winter,
Rosen wachsen nicht,
nur die Sehnsucht wuchert,
wie Eisblumen es tun.

Deine Stimme ist längst vergessen,
dein Duft ist weit verweht,

aber die Rose,
aber die Rose...

Deine Möbel sind verkauft,
deine Katze wird immer grauer,
aber eine Rose ist nicht bloß
eine Rose.

Da ist diese eine Sache,
die ich einfach nicht vergessen kann:
dein roter Mund,
halb bedeckt von einer Rose.

Das Geschenk des Vergessens,
du bist es mir schuldig geblieben:
Lasse die rote Rose sterben,
wie Eisblumen es tun.

Deine Stimme ist längst vergessen,
dein Duft ist weit verweht,
aber die Rose,
aber die Rose...

Deine Möbel sind verkauft,
deine Katze wird immer grauer,
aber eine Rose bleibt mehr als
eine Rose.

Erica Natale

Nebelwesen

In silbrigen Fäden
stürzt der Regen herab
und gräbt winzige Poren
in die warme Haut der Erde.

Die grauen Nebelwesen
melden sich an der morschen Türe,
begehren Einlaß in mein Reich.

Knorrige Anwälte für das Recht
der Toten jenseits der Berge.

Meine Worte aber brennen noch
für die helle Fülle des Ahorns,
der Jahr für Jahr höher
das Fenster durchmißt.

Meine Türe bleibt angelehnt
und die Toten geduldig.

Patrick Wilden

1973

Eis essen gehen mit meiner Mutter

am Rollator durch den Baustellendreck
wie übers Wasser
ins San Remo
gegenüber der Bank
wo alles Geld geparkt ist
wie die Gehhilfe jetzt an der Wand

Wir bestellen die ganz großen Becher
sie macht sich nichts aus Schaumkaffee seit
von einem Tag auf den andern
sie das Sudoku liegenließ
das Telefon nicht mehr abnahm
die eigene Küche ihr fremd geworden ist

Stattdessen nippt sie genüßlich
am Campari Soda
Eis war ihre Sache ohnehin nie
und über wichtige Dinge zu sprechen
außer dem Wetter
vergißt sie

Dann zücken wir unsere Börsen
und es ist okay denn sie auszubezahlen
weil sie ein Leben lang für alles aufkam
ist sinnlos

Man wartet schon mit dem Essen auf sie
wir gehen durch den Baustellendreck

1973

hinter die Bank wo das Auto geparkt ist
wie Jesus übers Wasser

Sie wird nicht untergehen
sie weiß wo die Steine liegen

Ron Winkler

Vater wird älter

Die Rotkehlmeisen landen jetzt vermehrt auf seinen Armen.
Die lebenslang einer Partei gehörten.
Sein Kopf hält sich in jenem Schal auf, der einmal auf dem
          Himalaya lag.
Die Luft ist dünn: Das Bienenvolk der eigenen Erinnerung wird
          sich vorerst nicht teilen.
Ein blauer Schal, ein grauer Bienenkönig.
Wird irgendwann durch die Tapetentür verschwinden.
Im Radio Musik, als würde sie zu früh eintreffen. Als würde der
          Anlass fehlen.
Ihr fehlen wie dem flachen Land ringsum die Tiefen.
Dafür gibt es unsichtbare Gletscher nicht gewählter Möglichkeiten.
Informationen fließen spärlich.
Die Kakteen auf der Fensterbank scheinen nicht zu wachsen.
Nur die Augenlider haben es eilig.
Die Rotrandaugenlider.
Alles, was zu sagen ist, verlässt den Mundraum nicht.
Auch die Hecke bleibt im Garten; firmiert als eine letzte
          Randbemerkung.

Nicola Quaß

Meine Kindheit vertauschte ich mit dem Zufall
geboren zu sein. Irgendwann erschien ich
am Bildrand und blieb stehen. Ich ließ Stofftiere
durch meine Träume traben, *lernte Fremdsprachen
im Stall.* Und immer stellte ich mich auf einen Stapel
Bücher vor dem Fenster, und immer erneuerte ich
diesen Blick. Ich besaß nicht viel,
das ich verlieren konnte. Nur die Leere
meines Koffers machte mir Mut. Jede Nacht
saß ich mir gegenüber und zählte die Tage
vor dem Schnee. Und als alle vom Frieden sangen,
zeichnete ich die Schüsse der Jäger, betete
für das getroffene Tier. Jemand
verstellte schnell den Sender.

Matthias Engels

1975

Alles kann fliegen

ich gehe bei dir in die leere
auf dass ich voll werde
      und es scheint
           die wut ist so fein
      eingestellt dass sie kein
erbarmen mehr durchlässt

erst kommt die rache
    dann erst das vergehe

wir waren was wir lernten
    wir sind was wir vergaßen

und alles kann fliegen
    während wir kaum aufrecht stehen
    und alles stirbt still
    in den armen von allen
bis niemand mehr da ist
    zum applaudieren

1975

als die märchen
unwahrscheinlicher wurden
   es aber zur katastrophe noch jederzeit reichte
      ging ich meiner grenzpunkte verlustig
seit die worte nach getaner arbeit kalt
   und die hoffnungen alt wurden lese ich mich selbst
     als befangen   und jetzt gäb ich viel darum
dich kommen zu sehen um die stumme ulme
   und zu hören wie du rufst: alles gute
      endet von allein das schlechte
         muss man beenden

Silke Loser

1975

ich sehe sie alle vor mir brauche in mir nur
das kleine Nachtlicht anzuknipsen und da ist
der viel zu früh Verstorbene zurückgelassen
seine vier Söhne oder der von Krankheiten
sein Leben lang in Schichten Heimgesuchte
oder der nach Krieg und Gefangenschaften
als Schiffer immer weiter reiste   Jahrzehnte
über Flusswege ziehend und zu Hause nur
auf Besuch oder der plötzlich ohne Abschied
Gegangene auf seiner Suche nach dem Ziel
Abgetauchte bis heute nicht auffindbar wohin
in Wirren vielleicht des Balkans fortgetrieben
die GESCHICHTEN DER VÄTER meiner Lieben
sind nirgends zu lesen nicht auszuschmücken
auch nicht erklärbar   ohne etwas zu verraten
wovon wir nichts wissen   es dennoch ahnen
aus Luftlöchern und Sprachlosigkeit sind sie
in den Schatten unserer Fragen spionieren sie
der Liebe nach wühlen und hausen sie in uns
tief in Nischen oder Falten nistend sind sie so
als ob ihre Odyssee unsere sei die der Kinder
lückenhafte Verdichtung mit offenem Ende

Christoph Danne

Bewegungsunschärfe (Cadaqués)

in geheimbotschaften
haben wir uns erfunden
in den schatten der palmen
auf den sand gefächerte muster
doch wir konnten nicht bleiben
bevor jemand fremdem
die entschlüsselung gelang
waren wir schon fort
warteten woanders auf neue zeichen
vom abschied
lange eingeholt

Safiye Can

1977

Endlich

Darling
Unser Herz
schlägt nicht
SEELENVERWANDT
Ich will krass einsam sein
Warum Das Glück verschieben?
Es fällt mir schwer
Den KUSS zu genießen!
Die Vögel singen Nicht das Lied
DER ewigen Liebe
ich BITTE! DICH
verlasse mich

Matthias Kröner

Andere Welt

Was sie sich bedeuteten,
hatte er sich manchmal gefragt,
als sie noch lebte.
Was sie sich bedeuteten,
wusste er,
als sie starb.
So führten sie Zwiegespräche.
Sätze, die hätten gesagt sein können.
Manchmal stritten sie.
In den guten Momenten fühlte er sie sehr stark. Es warf ihn fast um
vor Schmerz. In den schlechten verblasste alles. Sogar der Schmerz.
Das wäre der Augenblick gewesen,
um abzuspringen. Doch er sprang – ohne es zu wollen –
hinterher.
Am Morgen fanden ihn seine Kinder.
Sie sprachen nie darüber. Doch beide spürten
eine Leichtigkeit in der Luft.

Dennis Karrasch

Acherusisch

In wintergrauer Kühle geh' ich unter
Gehirnskeletten kahler Eichenbäume
durch Nebelskizzen von Gedankenräumen
und weiß, die Wände waren einmal bunter.

Die Räume lichten, lösen sich, zergehen,
zerfließen wie das Ende der Allee,
wie Acheron in einen letzten See.
In feinsten Ästchen oben ist kein Wehen.

Man ist, wes man sich noch entsinnt;
man bleibt ein angsterfülltes Kind,
das stolpert durch den Lebenslauf.

Am Ende bleib' ich einfach stehen.
Ich weiß nicht: Bin ich noch zu sehen?
Ich gehe ganz in Nebel auf.

Weltgewebe

Spermium zum Ei zur Wehe:
Hier, wo ich jetzt gehe –
Als Mensch, als Hauch in einer Fleischmaschine,
Der ich fleischgeworden sklavisch diene –,
War was, wer, war Werden, waren Wesen,
Vor meiner Zeit, aber ich war nicht.

Nach mir, nach dem Ende meiner Schicht,
Bleibt das Kommen-Gehen, das Verwesen.
Aber ich, auf Nimmerwiedersehen,
Ich kann als Entität so nicht bestehen.
Losgelöst: Ich werde
Lebenspotenzial in Erde.

Wie kränkend, dass das Ich nicht bleibt!
Dass jede Individuation
Erlischt, sobald entleibt!
Das Ich als bloße Konfiguration,
Die kurz im Spiel auf der AGCT-Klaviatur
Des großen weiten Willens schwingt,
Hoffend auf wenig Moll und sehr viel Dur.
Bis es verklingt.

Clemens Schittko

Nachruf auf eine Jahreszeit
(Berlin Version)

es schneit nicht mehr
kein Schnee fällt mehr nieder
es schneit nicht mehr
und wenn es doch noch schneit,
so bleibt der Schnee nicht liegen
er schmilzt dahin,
sobald er den Boden berührt
doch wie gesagt:
es schneit nicht mehr
kein Schnee fällt mehr nieder

Jan-Eike Hornauer

Zum Abschied

Die Hoffnung wohnte unter mir
in »meinem« Mehrparteienhaus.
Man trug sie gestern nachts um vier
für immer nun hinaus.

Schon lange ging's ihr nicht sehr gut,
das ließ sich kaum noch überseh'n:
so blass, erdrückt und ohne Mut…
Jetzt ist's um sie gescheh'n.

Ich frage mich: Kann's wirklich sein?
Ich dacht', sie wär' auf ewig da.
Ach, ohne sie, so ganz allein,
wie komm' ich da bloß klar?

Die Hoffnung wohnte unter mir.
Wir haben uns zwar kaum gekannt,
doch wusste ich: Ja, sie ist hier!
Und jetzt wird sie verbrannt.

Nur Asche, ach, nur grauer Staub
ist sie für alle Ewigkeit.
Ich folg' ihr sicher nach; ich glaub',
ich bin schon bald bereit…

Angela Lohausen

schlüsselübergabe

die räume deiner kindheit
bleiben
die risse die stellen
wo die flut
die erinnerung
genommen hat
liegen kühl
in meiner hand

opa

manchmal
halte ich
noch immer
deine hand
blickst du auf
meinen bauch
das kätzchen strampelt
sage ich
und du
lächelst
noch heute
aus kinderaugen

verblichene stoffe

wo der schlaf durchschien
hat sie
eine bestickte tischdecke
aufgenäht
schiebt ihre hand
brotkrümel
beiseite
dient auch dein bett
als tisch
an einem
weißen tag

Gundula Schiffer

Maia in der Mandorla

Jedes Mal, wenn der Sommer geht und der Herbst ins Haus steht
draußen die dunkel-kalten Monate ihren Pfad entwerfen
aufzeichnen, mit den ersten Blättern, die sich fallen lassen
der Sonne, die früh ermüdet, dem Abend in die starken Arme sinkt

scheint mir, dass ich mich nicht erinnere – aussichtslos – wie es ist
froh zu bleiben, wenn der Himmel grau dreinblickt, Trübsal ausatmet
stundenlang weint – wie habe ich im letzten Jahr bloß so beschwingt
die Sternwerfer meiner Texte verfolgt, die Lichtblitze meiner Verse
in der Strickjacke, da die Sense schon um vier die Helle niedermäht –

Mir ist, als ob ich jedes Jahr aufs Neue die Monate lernen müsste
in Mitteleuropa, November bis Februar, deren Gesicht und Wesen
ich mir nicht merken will, weil es Fremde sind, die keine Freunde
werden wollen von einer Maia Augusta, die zwölfmal ex oriente lux
sagt im Jahr, die vom „Licht" Sprechen gelernt hat, warum ihr „Or"
selbst eine goldene Mandorla ist für jedes ein- und ausgehende Wort

Judith Schäfer

Ich sitze in deinem Schrank
und zähle die Motten
die sich eingenistet haben
seitdem
du fort
bist.

In deine Ärmel
Beine und
Hüte,
in deine Streifen und
Farben und
Punkte
die leuchten
noch immer.

Seitdem
du
fort bist
wohne ich
mit den Motten
in deinen Ärmeln
Beinen und
Hüten
in deinem Schrank.

Du läufst die Füße dir wund
bis du stillstehst im Kreis.

Hast viel gesehen, mit den Spitzen
deiner Finger berührt.

Es waren darunter:

Eine Blume mit offenem Kelch,
Milchhaut an der Oberfläche
einer Kanne,
das Haar kurzatmiger Hunde,
Papier mit schneidenden Worten darauf.

Und auch:

Mund- und Augenwinkel,
feucht im Gefühl,
weil du ein Liebeswort,
ein Lebewohl gesprochen hast;

Schlüssel, aufzuschließende Türen –
einmal, mehrmals, bis zuletzt,
aus Holz, Metall;
deine und fremde.

Du hast die Bettdecke zurückgeschlagen,
ein erstes und ein letztes Mal,
dazwischen
unzählig.
Jeden Morgen
so viele Morgen
der Einstieg in Wäsche, Hose, Hemd,

1981

in die Schwere der Schuhe.

Seit kurzem erst
stapelt in deinem Schrank
deine Kleidung sich
unbelebt.

Deine Füße stehen still jetzt,
eine Wunde der Kreis,
kein flatterndes Lid mehr,
deine Hände halten Leere.

Für Frank.

Gerrit Wustmann

nâzım

fotografiere
was sich in pfützen spiegelt
warte auf den regen
das leben ist *eine reise ohne rückkehr*
und istanbul
deine flüchtige geliebte
mit dem dunklen blick

distanz (II)

schreibe mir luftlinien
ich schreibe
deine koordinaten
auf wände und plätze
von letzter nacht

ich schreibe deine koordinaten
mit meinen fingern
in den staub der straße
und warte
auf wind

Özlem Dündar

als die frauen

u du hältst die pistole fest u
du legst sie von der einen in
die andere hand u du spielst
mit ihrem feuer u der vater
des vaters u der bruder des v
aters machen sich sorgen um
den vater u wenn du dir mun
ition holst u wenn du in den
nächten umherstreunst u der
vater des vaters findet dein v
ersteck u wenn er erzählt wie
sie zusammengelegt haben w
ie die frauen von ihren armen
das gold abgezogen haben wi
e sie dir in einem bündel all
es gegeben haben u den vater
geschickt haben in die ferne
u wenn der vater sich erinn
ert wie er mit seinem bündel
saß wie die frauen es von ihr
en armen abzogen wie sie zu
sammenkratzten alles für se
ine zukunft u wie er sie legte
von der einen in die andere
hand

für die körper die toten

das tuch das schwarze für die
körper die toten die liegen z
usammen auf dem bett die dü
fte der lebenden u toten verm
ischen sich im wasser das abf
ließt unsere körper unsere g
esichter wegfließen die letzt
en tränen die wir weinten al
s wir uns noch kümmerten
als unser puls noch flackert
e wenn es uns berührte die d
inge der lebenden das tuch l
iegt über unseren gesichtern
das schwarze für die körper
der   tote
n zusammen begann der w
eg zusammen gehen wir da
s letzte stück bereit liegen d
ie löcher in die erde gegrab
en für den letzten weg gemei
nsam dort liegen sie bereit f
ür uns zum ruhen für die e
wigkeit u das tuch liegt über
unseren gesichtern das schw
arze für die

Michael Spyra

Zu Besuch in einem Aschersleber Seniorenwohnpark

Da sitzt der Mann und hat sich ausgesprochen,
und ist verstummt und schweigt sich durch die Zeit
Kalenderjahre, Monate und Wochen,
die Tage und die Abgeschiedenheit

am Morgen, durch den Vormittag bis Mittag,
den Nachmittag, den Abend und die Nacht.
Der am Palaver anderer oft litt, lag
im Sprachfluss eingesunken und erschwacht.

Der Mann der nichts zu sagen hat und dessen
Gesagtes bald verschwunden war und der
mit seiner Sprache schwand und schon vergessen
und weiter nichts ist, als ein Ort woher

die Stimme einmal kam, die Worte kamen,
Gedanken in Kaskaden, Schwall und dann
Lamento und so weiter. Ohne Namen,
sitzt eingesungen dort der stille Mann,

für den die Frau zuletzt gesprochen hatte,
die immer alles besser wusste als
der Angetraute, Ehemann und Gatte,
sitzt also dort noch immer jedenfalls,

in seiner Stille fest, in seinem Schweigen,
in das sich dann und wann ein Rauschen mischt
Geräusche, die wie Räuspern aus ihm steigen,
ein Husten, das ihm immer mal entwischt.

Kameliya Taneva

im hinterhof auf eine leine zwischen bäumen
hängt meine mutter träume als wäsche auf
jedes mal etwas länger als würden sie immer

mehr als wogen sie immer mehr ich schwöre
die leine hängt jeden tag etwas tiefer darauf
aneinander gebunden die ausgebliebenen sprünge

der wäschekorb war einmal schilf ursprünglich
als wasser aus der quelle entsprang auf steine
klopfende tropfen (wovon ein wäschekorb träumt)

Philipp Beißel

dissolving views.

von hier aus geht der letzte mensch
mit seinem stock etwas leichtem gepäck und
einem gestohlenen hund der schweigt.
und wie er so geht liegt ihm was schweres
auf der zunge das sich anfühlt wie
das alte sprichwort *ich* aber wenn ers dreht und
probiert klingt es anders oder höchstens
wie ein rest. er hat es sich und andern
vom mund abgespart für schlechtere zeiten nur wo
fangen die an –
und jetzt wie er so geht mit seinem hund
seinem stock und etwas leichtem gepäck
hat er im rucksack nen krümel hightech
mit mäßig akku und ohne empfang
schlüssel zu einem vernagelten stadthaus und
einen brief über die liebe in der schneelosen welt.
eine jacke für den abend von fremden genäht
den atlas der essbaren tiere
ein buch über engel
und von den toten eine kopie.

Jakob Leiner

HALBJAHR

papa übt viel zu viel trompete
etwas stimmt nicht hat er gesagt
papa hasst schlechte intonation
und schaut oft seine hände an

papa geht spuren sukzessiv nach
papa schießt nur noch skeptische selfies
weiß wie sein haar ist sein gewissen
papa entwickelt nachts epilepsie

papa wächst ein tumor im kopf
der einen leuchtenden randsaum besitzt
papa redet von schlaganfall
und zeigt sich überaus erstaunt

papa hat stirnseits eine narbe
einer gelungenen trepanation
die delle macht den frankenstein
papa heiratet ohne pflaster

vier ist die brüderliche zahl
papa will nochmal auto fahren
aber hat das schalten vergessen
papa winkt jetzt öfter ab

papa am krampfen alles wird gut
wackelkont akt in der küchenecke
papa weint als spiegelbild

1992

erholung ist postikterisch gefärbt

papa im auto nach der bestrahlung
die müdigkeit einer vernichteten zelle
führt seltener den löffel zum eis
papa begreift auch zahlen nicht mehr

papa läuft sich statistik blutig
und hängt seine schuhe hoch in den baum
papa spürt freundschaft ist relativistisch
das nonverbale pflückt zweifel und trost

papa sagt nur noch es soll so sein
du wirst mal achtzig jahre alt
ich glaube ich bin noch nicht bereit
der garten schön die sonne sehr

papa schleicht seine medis nicht aus
endlich gelähmt ist raum links gefordert
hühnerbrühe ein letzter teller
du darfst es nicht auf dich beziehen

papa hört innerlich musik
papa fängt engel wenn es sie gäbe
da lag papa schon zwei wochen im koma
papa stirbt mittwochs um vierzehn uhr

sein grab hat papa im voraus bezahlt
mit abschied kam pflicht und umgekehrt
wir waren so standhaft wie schmerz es gebot
dass keine erlösung sich jemals traut - - -

AUSWEG

am fenster zum herbst
liegt ein achtzigjähriger
der sterben wird aber
noch nicht will aber auch
nicht mehr dazwischen
lebt er schaut aus blut
unterlaufenen augen
denn er hat zu viele rote
körperchen und eine
versagende leber an
die decke er ist schon
weit weg geblieben ist
ein satz den er ständig
wiederholen muss oder
will oder der sich ständig
wiederholt hallo hallo
ruft er hören sie mich
ich spüre meine beine
nicht es klingt so besorgt
es ist der status von vor
sieben tagen ein pflegender
kommt drückt zum gruß
einen fuß und schließt
das gekippte fenster er
zögerte kurz aber lange
genug

Larissa Niesen

Kommt, meine Freunde

Sie stehen am Grabstein und frieren.
Die Nase des Größten ist rot.
Drei sinds. Der Rest lässt nett grüßen.
Sie schweigen. John Keating ist tot.

Sie wissen kaum mehr, wie er aussah.
Es ist ja so furchtbar lang her.
Sie waren noch Kinder mit Träumen,
mit Hoffnung. Und jetzt sind sie wer.

Ein Männlein im Anzug liest Lyrik.
Den Dreien fehlt jedes Gespür.
Sie hatten es einmal, vor Jahren.
Man weint. Und man schämt sich dafür.

Beim Kaffee sind alle verlegen.
Mann drei ist noch immer sehr blass.
Man fühlt sich, als hätt man verloren.
Nur weiß leider niemand mehr, was.

Mann eins spricht von Aktien und Zinssatz.
Man zwei hat ein Kind. Sie ist vier.
Mann drei starrt den Tisch an und trauert.
Dort steht niemand. Man bestellt Bier.

Beim Abschied, da schütteln sie Hände.
So hat man es einstmals gelernt.
Und keiner schaut rückwärts, als man sich

klammheimlich erleichtert entfernt.

Mann drei geht noch einmal zum Friedhof.
Die Welt um ihn dunkelt und droht.
Er legt eine Hand auf den Grabstein
des Käptns.
John Keating ist tot.

Axel Kutsch

Ein Gedicht verschwindet

Dieses Gedicht
wird gleich verschwinden.
Es muß nur noch
den Ausgang finden.
Jetzt
hat
es
ihn
ge
fun
den
    und
        schon
            ist
                es
                    ver

Die Herausgeberin und die Herausgeber

Sabine Schiffner, geboren 1965 in Bremen, schreibt Lyrik und Prosa, erhielt dafür zahlreiche Preise und Ehrungen, u.a. die Ehrengabe der Deutschen Schillerstiftung (2012). Zuletzt erschien von ihr *Zeynep suchen* (2024), Dagyeli Verlag in Berlin.

Markus Peters, geboren 1965 in Köln, ist dort als Redakteur und Autor tätig. Insgesamt acht Buchveröffentlichungen, darunter der 1994 von Axel Kutsch herausgegebene Lyrikband *Eine Kalypso zuviel.* Zuletzt erschien *Irgendwas ist immer. Stories, Satiren und Kolumnen* (2021), Chora Verlag.

Amir Shaheen, geboren 1966 in Lüdenscheid, ist als Autor, Lyriker, Lektor tätig. Gemeinsam mit Axel Kutsch gab er die Anthologie *Spurensicherung – Justiz und Kriminalgedichte* heraus. 2018 erhielt er den Preis postpoetry nrw. Zuletzt erschienen von ihm im Sujet Verlag, Bremen: *Ich bin kein Ausländer, ich heiße nur so* (2020) und der Lyrikband *Vor uns ein Horizont* (2024).

Die Autorinnen und Autoren

Jeannette Abée, *1965 in Hamburg; Veröffentlichungen in „Prolog – Heft für Zeichnung und Text".

Esther Ackermann, *1962 in Thun; letzte Veröffentlichung „Die Hand hinein", orte Verlag, Schwellbrunn, 2016.

Klaus Anders, *1952 in Wissen/Rheinland Pfalz; letzte Veröffentlichung „Weißer Hase, grauer Hase", Übersetzung von Øyvind Rimbereid, Edition Rugerup, 2023.

Michael Arenz, *1954 in Berlin; letzte Veröffentlichung „An den Theken des Abendlandes", ex pose Verlag, Berlin, 2023.

Ingeborg Arlt, *1949 in Berlin, letzte Veröffentlichung „Die Würde der Weichen", BoD, Norderstedt, 2023, Anna Seghers Preis.

Rüdiger Bartsch, *1967 in Weißwasser, Beiträge in Anthologien und Zeitschriften.

Gisela Becker-Berens, *1946 in Hermeskeil; letzte Veröffentlichung „andere Träume", Wiesenburg Verlag, 2019.

Philipp Beißel, *1990 in Höxter; letzte Veröffentlichung „Unheim.", Höressay, wardrobe voices, Bochum, 2022 ; Christoph Schlingensief-Fellow, 2021.

Eva-Maria Berg, *1949 in Düsseldorf; letzte Veröffentlichung „ Une Multitude de Pas - Ein Vielfaches an Schritten", Editions Jacques Brémond, 2024.

Eva Beylich, *1957 in Schorndorf; letzte Veröffentlichung „Verwicklungen", Einhorn Verlag, 2021.

Wolfgang Bittner, *1941 in Gleiwitz; letzte Veröffentlichung „Ausnahmezustand - Geopolitischen Einsichten und Analysen", Verlag zeitgeist, 2023, mehrere Preise, zuletzt Kölner Karlspreis für engagierte Literatur und Publizistik 2010.

Marlies Blauth, *1957 in Dortmund; letzte Veröffentlichung „morgen ein Atemzug Winter", edition offenes feld, Dortmund, 2024.

Birgit Bodden, *1957 in Stolberg; letzte Veröffentlichung „und plötzlich fliegen die Fische" (Gedichtband), chiliverlag, Verl, 2022; „schwarze Perle" (Erzählung), Verlag 23, Weiterstadt, 2022.

Elke Böhm, *1960 in Frankfurt am Main, „Wolfsmomente – Großstadtlyrik", BoD, 2009.

Bernd Bohmeier, *1943 in Bad Oeynhausen; letzte Veröffentlichung „Was der Fall war", Verlag Buchhandlung Klaus Bittner, 2013.

Kurt Bott, *1952 in Köln, Beiträge in Anthologien.

Ingeborg Brenne-Markner, *1949 in Menden/Sauerland; letzte Veröffentlichung „die langen tage-gedichte", Kid Verlag, 2018, Preisträgerin postpoetry NRW 2019 und 2016.

Theo Breuer, *1956 in Bürvenich; letzte Veröffentlichung „Vorschlag zur Blüte", Pop Verlag, 2023.

Rolly Brings, *1943; zahlreiche Publikationen und CD-Produktionen.

Lars-Arvid Brischke, *1972 in Dresden; letzte Veröffentlichung „wer fällt schon aus der Welt", edition art science, St. Wolfgang, 2020; 1. Preisträger des Lyrikpreises Feldkirch, 2019.

Bert Brune, *1943; letzte Veröffentlichung „Glücksmomente - Alltägliche Betrachtungen und Reflexionen", Roland Reischl Verlag, 2023.

Inge Buck, *1936 in Tübingen; letzte Veröffentlichung „Lyrik in west-östlichen Dialog", Sujet Verlag, 2022.

Hans Georg Bulla, *1949 in Dülmen/Westf.; letzte Veröffentlichung „Nach diesem langen Jahr", Wehrhahn Verlag 2023,Verdienstorden des Landes Niedersachsen.

Dolores Burkert, *1966 in Kattowitz; letzte Veröffentlichung „Auf Reisen und Abwegen", Avlos Verlag.

Wolfgang Butt, *1937 in Wuppertal; letzte Veröffentlichung „Poets of the New World", Verlag Tradition, 2024.
Safiye Can, *1977 in Offenbach/Main; „Diese Haltestelle habe ich mir gemacht", Wallstein, 2023.
Ingo Cesaro, *1941 in Kronach; letzte Veröffentlichungen „Hunderte Fächer und Nächtelang schreibe ich", FREIPRESSE Bludenz, Kulturpreis der Oberfrankenstiftung.
Manfred Chobot, *1947 in Wien; letzte Veröffentlichung „Hawaii - Mythen und Götter", Wieser Verlag, 2022, Goldenes Verdienstzeichen des Landes Wien 2019.
Uwe Claus, *1960 in Meißen; letzte Veröffentlichung „Vokabeln des Lichts (einhundertneunundvierzig Haikus)", edition petot Typostudio Schumacher Gebler, Dresden, 2022.
Crauss *1971; „Ruth", Verlag Dreiviertelhaus, Berlin, 2024.
Christoph Danne, *1976 in Bonn; letzte Veröffentlichung „Firnis & Revolte", Corvinus Presse, 2024; Arbeitsstipendium Literatur NRW, 2019.
Jürgen de Bassmann, *1964 in Kandel; letzte Veröffentlichung „Ich hätte tiefer schlafen sollen", Eigenverlag, 2022; Nordhessischer Literaturpreis, 2022.
Veronique Dehimi, *1960 in Luxemburg; letzte Veröffentlichung „Leg dich zu den Wölfen", Wiesenburg Verlag, 2022.
Harald Dern, *1961 in Celle, Veröffentlichungen in Anthologien.
Steffen M. Diebold, *1967 in Tailfingen; letzte Veröffentlichung „falterleben, schlitten, cerealie", in: Alle Sinne leben, Mitteldeutscher Verlag, Halle, 2022; Jokers Lyrikpreis, 2003.
Dominik Dombrowski, *1964 Waco/Texas USA; letzte Veröffentlichung „Schwanen", Voland & Quist, Dresden, 2022; NRW postpoetry Lyrikpreis, 2021.
Özlem Özgül Dündar, *1983 in Solingen; letzte Veröffentlichung „gedanken zerren", Elif Verlag, 2018; Kaas & Kappes Preis, 2023.
Martin Ebner, *1962 in Neuwied, Anthologie- und Zeitschriftenbeiträge.
Jürgen Egyptien, *1955 in Aachen; letzte Veröffentlichung „Marsyasmäander", Verlag der 9 Reiche, Berlin, 2024; Erika-Burkert-Preis für Lyrik, 1991.
Christiane Eichler-Magdsick, *1944 in Cottbus; letzte Veröffentlichung „Wir hatten keine andere Zeit als diese", BoD, Norderstedt, 2020.
Armin Elhardt, *1948 in Stuttgart; letzte Veröffentlichung „Vier im Doppelpack - Texte und Bilder von Günter Güben, Peter Schlack, Armin Elhardt u. Klaus Bushoff", Verlag der Studiengalerie, 2020.
Elke Engelhardt, *1966 in Verl; letzte Veröffentlichung „100 sehr kurze Gespräche", Elif Verlag, 2023.
Christian Engelken, *1965 in Hannover, diverse Veröffentlichungen.
Matthias Engels, *1975 in Goch/Niederrhein; „zweite Person, Singular", edition offenes Feld, 2023.
Manfred Enzensperger, *1952 in Köln; letzte Veröffentlichung „tisch", Verlag Ralf Liebe, 2024.
Peter Ettl, *1954 in Regensburg; letzte Veröffentlichung „Schneescherben", Silver Horse edition, 2023; Kulturförderpreis Ostbayern.
Evert Everts, *1941 in Bonn; letzte Veröffentlichung „Bergischer Panoramasteig - Erzählungen von Unterwegs", Gaasterland Verlag, 2022.
Ansgar Eyl, *1969 in Neuwied, „Orangensaft", Lyrik.
Patricia Falkenburg, *1961 in Mannheim; letzte Veröffentlichungen „… in unsern Mündern lodern Zungen – Gedichte in Zeiten des Unfriedens" und „Niemandslieder", Kulturmaschinen-Verlag, 2023.

Marcell Feldberg, *1968 in Willich; letzte Veröffentlichung „Atlas und Arsenal", Radius Verlag, Stuttgart, 2022.

Karl Feldkamp, *1943 in Lübeck; letzte Veröffentlichung „warn zeichen sprache", Athena Verlag, 2023.

Peter Feler, *1978 in Hannover, Anthologiebeteiligungen.

Ruth Forschbach, *1957 in Köln; letzte Veröffentlichung „Unterwegs - ein poetischer Spaziergang in Worten und Bildern", epubi Verlag, 2023.

Ute Franck, *1942 in Meldorf/Holstein; letzte Veröffentlichung „Ein fast normales Paar", Verlag Ralf Liebe, 2023, Kelkheimer Kulturpreis 2006.

Barbara Franke, *1944 in Zweibrücken; letzte Veröffentlichung „Hautnah - Gedichte und Lyrische Prosa" Echo-Verlag, 2021, 1. Platz beim Mundartwettbewerb Bockenheim/Weinstraße 2017.

Caritas Führer, *1957 in Chemnitz; letzte Veröffentlichungen „Fixateur Externe oder die Entdeckung des Erdsterns" (Roman) und „Bewegungsmeldung" (Gedichte), beide im Verlag Schumacher Gebler, 2022.

Anita Funck, *1954 in Weinheim; Mannheimer Literaturpreis Räuber 77, 2007.

Falk Andreas Funke, *1965 in Wuppertal; letzte Veröffentlichung „Laubsägefrisch" (mit Jule Steinbach), 2022; 1. Platz Bad Godesberger Literaturpreis, 2017.

Simon Gerhol, *1968 in Stuttgart, „Pechgretel und Goldhänsel", Salon Literatur Verlag, 2022.

Anke Glasmacher, *1969 in Bensberg; „Der Buchstabe Blau", Edition Virgines, 2023; Arbeitsstipendium des Landes NRW, 2022.

Axel Görlach, *1966 in Kaufbeuren; letzte Veröffentlichung „weil es keinen grund gibt für grund", edition keiper, 2021; erostepost Literaturpreis, 2020.

Sabine Göttel, *1961 in Homburg/Saar; letzte Veröffentlichung „Grillenliebchen. Gedichte". Wehrhahn Verlag, 2023; Feldkircher Lyrikpreis, 2023.

Andreas Graf, *1958 in Köln; letzte Veröffentlichung „in – zwischen – hin", Gedichte mit Bildern von Dirk Balke, Gräfrath: 4 – L – Verlag, 2022; 1. Preis für Mundartlyrik im Landschreiber-Wettbewerb, Jever, 2023.

Irena Habalik, *1955 in Polen; letzte Veröffentlichung „Male dein Schweigen", Pop-Verlag, Ludwigsburg 2021, Theodor-Körner-Preis, Wien.

Johanna Hansen, *1955 in Kalkar; letzte Veröffentlichung „Mondhase an Mondfisch", Wortschau Verlag, 2022; Arbeitsstipendium des Kulturministeriums NRW, 2022.

Caroline Hartge, *1966 in Hannover; letzte Veröffentlichungen „chronologische diffusion", edition Michael Kellner und „das blaue komma", Wehrhahn Verlag, beide 2023.

Manfred Hausin, *1951 in Hildesheim; letzte Veröffentlichung „Dass wir so lang leben dürfen", CD, Westpark Musik, 2022.

Günter Helmig, *1941 in Köln; letzte Veröffentlichung „Fregatte in grüner Flusslandschaft" Epubl. Berlin, 2017, 1. Preis Lyrik beim Autorenwettbewerb Schloss Bensberg 1999.

Reinhard Henning, *1948 in Bottrop; letzte Veröffentlichung „trostfleisch", Nord Park Verlag, 2010.

Stefan Heuer, *1971 in Großburgwedel, „Asche mit Wunden", Ratriot Medien, 2018.

Franz Hodjak, *1944 in Hermannstadt/Romanien; letzte Veröffentlichung „Im Ballsaal des Universums", danubebooks Verlag, 2023.

Jan-Eike Hornauer, *1979 in Lübeck; letzte Veröffentlichung „Das Objekt ist beschädigt - zumeist komische Gedichte aus einer brüchigen Welt", Muc-Verlag, 2016; 1. Platz Deutschlandweiter Literaturpreis der Stadt München und lesebühne Litbox2, 2020.

Dirk Hülstrunk, *1964 in Frankfurt am Main; letzte Veröffentlichung „Plötzlicher Nebel", Axel Dielmann Verlag, Frankfurt, 2022.
Claudia Hummelsheim, *1961 in Göttingen, Beiträge in Anthologien.
Klára Hůrková, *1962 in Prag; letzte Veröffentlichung „Gehege mit Magnolien", Pop-Verlag, Ludwigsburg, 2023; 1. Preis beim 42. World Congress of Poets, 2023.
Andreas Hutt, *1967 in Kassel; letzte Veröffentlichung „Handbuch eines schizophrenen Paralleluniversums", Black Ink, München, 2024; Wiener Werkstattpreis, 2011.
Michael Hüttenberger, *1955 in Offenbach; letzte Veröffentlichung „Komm mit, sagte der Esel", Heinevetter-Verlag, Hamburg, 2022; MERCK-Stipendiat der Darmstädter Textwerkstatt, 2019.
Semier Insayif, *1965 in Wien; letzte Veröffentlichung „ungestillte Blicke", Klever-Verlag, Wien, 2022.
Gerhard Jaschke, *1949 in Wien; letzte Veröffentlichung „wie nie danach", Ritter Verlag, 2022.
Carmen Jaud, *1955 in Hochstädt, Beiträge in Anthologien und Zeitschriften.
Thomas Kade, *1955 in Halle; letzte Veröffentlichung „Lesebuch Thomas Kade", Aisthesis Verlag, 2022, Postpoetry-Preis, 2019.
Peter Kapp, *1968 in Freiburg; letzte Veröffentlichung „Nach dem Börsengang", Edition Thaleia, 2014.
Reinhard Kiefer, *1956 in Nordbögge; letzte Veröffentlichung „Indianer. Ein Satzbau IV", Rimbaud Verlag, 2023.
Ilse Kilic; *1958 in Wien; letzte Veröffentlichung „Das Schlaue vom Himmel. Eine Versuchsunordnung", Ritter Verlag, 2023.
Birgit Koerdt-Brüning, *1960 in Göttingen, Anthologiegeiträge.
Michael Kohtes, *1959 in Gut Rosaeul bei Köln; letzte Veröffentlichung „365 Tage. Ansichten von K.", Tagebuch, Greven Verlag, Köln 2012.
Helga Kolb, *1942 in München; letzte Veröffentlichung „Schattenseiten", Wiesenburg Verlag, 2005, div. Anthologien.
Matthias Kröner, *1977 in Nürnberg; letzte Veröffentlichung „Der Billabongkönig", Beltz & Gelberg, 2022; Literaturstipendium des Landes Schleswig-Holstein, 2019.
Josef Krug, *1950 in Bad Brückenau; letzte Veröffentlichung „Fadenschein" (Roman), Aisthesis Verlag, Bielefeld 2021; Preisträger der Rauner-Stiftung zur Förderung der Lyrik in NRW 1999.
Michael Kurzer, *1959 in Hannover, Anthologiebeiträge.
Axel Kutsch, *1945 in Bad Salzungen; „Am Rande der Sprache steht ein Gedicht", Verlag Ralf Liebe, 2023.
Stan Lafleur, *1968 in Karlsruhe, „Am Rande der Wahrscheinlichkeit von Mexiko", parasitenpresse, 2018.
Elvira Lauscher, *1965 in Ulm, Anthologie- und Hörbuchbeiträge.
Dorothée Leidig, *1960 in Bonn, Beiträge in Anthologien.
Jakob Leiner, *1992 in Bad Dürkheim; letzte Veröffentlichung „Gewetter", Quintus, 2022; Deutschland-Stipendium, 2018.
Christoph Leisten, *1960 in Geilenkirchen; letzte Veröffentlichung „Wolfgang Koeppen in Salt Lake City", Rimbaud Verlag, 2022.
Anton G. Leitner, *1961 in München; letzte Veröffentlichungen „Vater, unser See wartet auf dich. Erinnerungsstücke" und „Wohin die Reise gehen könnte", Deutsch–Arabisch, beide 2023; Deutscher Verlagspreis, 2023.

Agnieszka Lessmann, *1964 Lodz/Polen; letzte Veröffentlichung „Fluchtzustand", Elif Verlag, 2020.
Joanna Lisiak, *1971 in Polen; letzte Veröffentlichung „Trauerrituale - in neuer Form verbunden", Junfermann Verlag, 2024.
Monika Littau, *1955, letzte Veröffentlichung „Lesebuch Monika Littau", 2022; Ventspils Stipendium, Lettland, 2022.
Angela Lohausen, *1979 in Düren, Beiträge in Anthologien und Zeitschriften.
Michael Lohr, *1958 in Ettringen; letzte Veröffentlichung „Der Eifelhimmel über Kanada", edition 58, 2010.
Sabina Lorenz, *1967, Preise und Stipendien, zuletzt: Förderpreis des Stuttgarter Schriftstellerhauses 2011, Einzeltitel zuletzt: „Wie wir #binden. Wie wir #verschwinden", Lyrikedition 2000, 2016.
Silke Loser, *1975 in Würzburg; 2. Publikumspreis Hochstadter Stier, 2014.
Britta Lübbers, *1960 in Meppen, Anthologiebeiträge.
Thomas Luthardt, *1950 in Potsdam; letzte Veröffentlichung in „Mein heimliches Auge", Anthologie, Konkursbuch Verlag, 2023.
Frank-Wolf Matthies, *1951 in Berlin; letzte Veröffentlichung in: „Der Dezemberturm", Corvinus Presse, 2020.
Hartwig Mauritz, *1964; letzte Veröffentlichung „die toten schlafen fest", Rimbaud Verlag, 2023; Feldkircher Lyrikpreis, 2016.
Erwin Messmer, *1950 in Rorschach/Schweiz; letzte Veröffentlichung „Drehbuch der Träume", Edition 8, Zürich, 2024; Preis: Internationale Trophäe Ars Maris (Rumänien), 2011.
Gerd Meyer-Anaya, *1947 in Garmisch-Partenkirchen; letzte Veröffentlichung „nachtseelengewächse-düsseltaler elegien", Verlag Edition Virgines, 2023.
Madjid Mohit, *1961 in Teheran; Diversity Preis, Bremen, 2017.
Volkmar Mühleis, *1972 in Berchtesgarden; letzte Veröffentlichung „Abschied ist ein langes Wort", Passagen Verlag, 2023.
Susanne Müller, *1945 in Winbern; mehrere Veröffentlichungen in Lyrik Anthologien.
Erica Natale, *1973 in Turin; letzte Veröffentlichung „freundliches Helldunkel. Gedichte 2010-2016", Wiesenburg Verlag, 2020; Poesiealbum Neu-Preis der Lyrikgesellschaft Leipzig, 2017.
Jürgen Nendza, *1957 in Essen; letzte Veröffentlichung „auffliegendes Gras", Poetenladen Verlag, Leipzig, 2022; Auszeichnung mit dem Wilhelm-Lehmann-Literaturpreis, 2023.
Marcus Neuert, *1963 in Frankfurt am Main; letzte Veröffentlichung „Fischmaeuler. Schaumrelief", Edition offenes Feld, 2021; Postpoetry NRW, 2022.
Jörg Neugebauer, *1949 in Braunschweig; letzte Veröffentlichung „Und jetzt erst sehe ich dich - Ein Quintett", Edition Noack & Block, 2024.
Larissa Niesen, *1996 in Mainz, Anthologieveröffentlichungen.
Andreas Noga, *1968 in Koblenz; letzte Veröffentlichung „der Wald lädt uns mit Hoffnung auf", bene! Verlag, 2022; Martha-Saalfeld-Förderpreis des Landes Rheinland Pfalz, 2012.
Frank Norten, *1952 in Köritz; letzte Veröffentlichung „Im Norden soll eine Sonne leuchten", Tyto Alba, Vilnius, 2023; Preis für politische Lyrik POLLY, Berlin, 2016.
Erich Pfefferlen, *1952 in Nördlingen; letzte Veröffentlichung „In meiner Suche werde ich gefunden", Geest-Verlag, 2024; Duc-de-Richelieu-Preis, Kategorie Lyrik, Odessa, 2023.
Kai Pohl, *1964 in Wittenburg; letzte Veröffentlichung „Der Esel küsst den Stein", Moloko Print, 2023.
Tom Pohlmann, *1962 in Altenburg; letzte Veröffentlichung „metropolitan Transfer", Notschriften-Verlag, Radebeul, 2020.

Manfred Pricha, *1954 in Höffing, Beiträge in Anthologien und Zeitschriften.
Nicola Quaß, *1974 in Wetzlar; „Nur das Verlorene bleibt", hochroth Verlag, Heidelberg, 2020; Ulrich-Grasnick-Lyrikpreis, 2023.
Julie Ratering, *1957 in Saarwellingen, Anthologiebeiträge.
Lutz Rathenow, *1952 in Jena; letzte Veröffentlichung „Trotzig lächeln und das Weltall streicheln", Kanon Verlag, 2022; „Früher ist morgen", Verlag Ralf Liebe, 2024.
Achim Raven, *1952 in Düsseldorf; letzte Veröffentlichung „Der Ernst des Unernstes kommt vom Unernst des Ernstes", Edition Virgines, 2022; Günter-Bruno-Fuchs Preis, 2011.
Rainer Reno Rebscher, *1949 in Darmstadt; letzte Veröffentlichung in: „Neue Boote für die hellen Tage", Verlag Steinmeier, 2020, 1. Platzierung „Poets of the new world" 2024.
Kriemhild Linda Retter, *1955 in Stuttgart, Anthologie- und Zeitschriftenbeiträge.
Sabine Reyher, *1969 in Havelberg, Anthologie- und Zeitschriftenbeiträge.
Anja Ross, *1963 in Kiel, Anthologie- und Zeitschriftenbeiträge.
Karl Rovers, *1937 in Köln; letzte Veröffentlichung „Leselust-Ein Reise durch das ABC", Verlag Ralf Liebe, 2023.
Peter Salomon, *1947 in Berlin; letzte Veröffentlichung „Leichtes Gepäck", edition imme im BoD-Verlag Norderstedt, 2024, Bodensee Literaturpreis 2016.
Axel Sanjosé, *1960 in Barcelona; letzte Veröffentlichung „res de nov al no-res", Edicions 96, 2023.
Walle Sayer, *1960 in Bierlingen; letzte Veröffentlichung „Das Zusammenfalten der Zeit", Kröner Verlag, Stuttgart, 2021; Basler Lyrikpreis.
Judith Schäfer, *1981 in Duisburg.
Gundula Schiffer, *1980 in Bergisch Gladbach; „Hioba Hymore", Elif Verlag, 2023; „Fremde Einkehr", Verlag Ralf Liebe,2024; Arbeitsstipendium der Kunststiftung NRW, 2023.
Clemens Schittko, *1978 in Berlin; letzte Veröffentlichung „alles gut", Ritter Verlag, 2023; Karin-Kramer-Preis für unverständige Literatur, 2018.
Hans Schneiderhans, *1955 in Köln; letzte Veröffentlichung „Ich komme ja wieder - Vom Leben und Tod eines Sohnes. Ein Vater nimmt Abschied", Eden Books, 2016.
Ulrich Schröder, *1943 in Uelzen; letzte Veröffentlichung „Aus der Historie des schönen Wendlands - in Versen und Bildern", Erling Verlag, 2016.
Helga Schulz Blank, *1948 in Innsbruck; mehrere Veröffentlichungen in Anthologien.
Christiane Schulz, *1955 in Wildau; letzte Veröffentlichung „Die beschriftete Zeit", Basiliskenpresse, Marburg, 2016.
Max-Josef Schuster, *1955 in Kaufbeuren, Anthologiebeteiligungen.
Angelica Seithe, *1945 in Bad Lauterberg; letzte Veröffentlichung „Solange wir bleiben im Licht", eof, 2020, 1. Preis Literatur Preis Harz 2018.
Max Sessner, *1959 in Fürth; letzte Veröffentlichung „Whoever Drowned Here" (translated by Francesca Bell), Red Hen Press, Pasadena, 2023; rotahorn Literaturpreis, 2019.
Sabine Speer, *1961 in Bochum.
Michael Spyra, *1983 in Aschersleben; letzte Veröffentlichung „Die Berichte des Voyeurs", Mitteldeutscher Verlag.
Carsten Stephan, *1971 in Dessau; Preis für komische Lyrik, 2019.
Peter M. Stephan, *1939 in Beuthen, zahlreiche Veröffentlichungen, Alfred Döblin Stipendium
Ulrich Straeter, *1941 in Dortmund; letzte Veröffentlichung „lesebuch Ulrich Straeter", Aisthesis Verlag, 2023.
Jochen Stüsser-Simpson, *1950 in Bonn; letzte Einzelveröffentlichung „Schauderwelsch", Papierfresserchen, 2019.

Rüdiger Stüwe, *1939 in Braunsberg (Ostpr.); letzte Veröffentlichung „Ich hatte Ellenbogen", Anthea Verlag, 2020.
Kameliya Taneva, *1989 in Bulgarien.
Ingrid Thiel, *1962 in Dinslaken, „Nichts ist verloren", Wiesenburg Verlag, 2008.
Jürgen Trautner, *1961 in Nürnberg, Anthologie- und Zeitschriftenbeiträge.
Charlotte Ueckert, *1944 in Oldenburg; letzte Veröffentlichung „Bei die Fische", Pop Verlag, 2023.
Olaf Velte, *1960 in Bad Homburg; letzte Veröffentlichung „Veltes große Poesie der Bocksprünge", Dielmann Verlag, 2023; Förderpreis der Schillerstiftung, Moldau-Stipendium des Landes Hessen.
Martin A. Völker, *1972 in Berlin; letzte Veröffentlichung „Windgeborene Gedichte", Verlag der Neun Reiche, Berlin, 2023.
Jürgen Völkert- Marten, *1949 in Gelsenkirchen; letzte Veröffentlichung „Das Glück", aerradix 2020.
Siegfried Völlger, *1955 in Frohnreuth; letzte Veröffentlichung „Gespräch mit dem Wal und Freunden", edition offenes feld, Dortmund, 2023.
Jutta von Ochsenstein, *1960 in Rotenburg a.d.F.; letzte Veröffentlichung „Schlafende Hunde VIII. Politische Lyrik", Verlag am Park, Berlin, 2023.
Johann Voß, *1951 in Theene; letzte Veröffentlichung „dir mein Wort", Edition Werkstatt, Göttingen, 2023.
Achim Wagner, *1967 in Coburg; letzte Veröffentlichung „zwischen grün und halb sechs", hochroth-Verlag, Berlin, 2017; Stipendium des deutschen Übersetzerfonds, Berlin, 2023.
Rainer Wedler, *1942 in Karlsruhe; letzte Veröffentlichung „was sind wir mehr als Buchstaben", Pop-Verlag, 2023, Rilke Preis 2009.
Friedel Weise-Ney, *1952 in Saarlouis; „Der Siebzehnte Berg", Verlag Ralf Liebe, 2022; 1. Preis in Literatur zum Reformationsgedenkjahr 2017 von Kirche und Kultur Wiesbaden, 2017.
Helmund Wiese, *1949 in Weingarten/Baden; letzte Veröffentlichung „fliegende Wechsel", Hrg. Anton G. Leitner, Deiningen, 2008.
Patrick Wilden, *1973 in Paderborn; letzte Veröffentlichung „Schleichwege", Dresden/Marbug, 2023; Raniser Debüt-Stipendium, 2019.
Michael Wildenhain, *1958 in Berlin; letzte Veröffentlichung „Eine kurze Geschichte der künstlichen Intelligenz", Sachbuch, Klett-Cotta, 2024.
Ron Winkler, *1973 in Jena; letzte Veröffentlichung „Magma in den Dingen", Schöffling & Co., 2021.
Christoph Wirges, *1969 in Dernbach/Westerwald; letzte Veröffentlichung „Das Gewitter umarmen", Axel Dielmann Verlag, Frankfurt, 2024; MERCK-Stipendium der Darmstädter Textwerkstatt, 2020.
Christa Wißkirchen, *1945 in Bad Frankenhausen; letzte Veröffentlichung „Ende der Ausbaustrecke", Klaus Isele Edition, 2021.
Gerrit Wustmann, *1982 in Köln; „Nichts daran ist witzig", Bremen, 2023.
Barbara Zeizinger, *1949 in Weinheim; letzte Veröffentlichung „Schon morgen wird alles gewesen sein", Pop Verlag Ludwigsburg, 2023.
Rosemarie Zens, *in Bad Polzin; letzte Veröffentlichung „Was wiegen die Wolken", Palm-Art Press, 2024.
Matthias Zwarg, *1958 Bad Düben; letzte Veröffentlichung „Poesiealbum 363", 2021.

AM RANDE DER SPRACHE STEHT EIN GEDICHT

Axel Kutsch
Das lyrische Werk 1969 – 2022

Herausgegeben von
Gerrit Wustmann & Katja Kutsch

Der Dichter und Herausgeber Axel Kutsch ist einer der bedeutendsten Kartographen der deutschsprachigen Lyrik. Fast fünfzig Anthologien hat er ediert. Seit 1974 sind außerdem zwölf Bände mit eigenen Gedichten erschienen. Von der frühen politischen Lyrik über die sprachexperimentelle „Stakkato"-Phase in den Neunzigern bis zu humorvoll-hintersinniger Metalyrik hat Kutsch ein vielschichtiges Werk geschaffen, das in diesem Buch erstmals vollständig vorgestellt und zugänglich gemacht wird.

Ergänzt wird der Band von mehreren Essays, in denen Freunde und langjährige Weggefährten einen Eindruck geben von Axel Kutsch dem Menschen, dem Dichter, dem Herausgeber, der „stets den Versen auf den Fersen" war.

400 Seiten, Fadenheftung; Festeinband
ISBN: 978-3-948682-48-4

28,00 Euro